DOMAINES LINGUISTIQUES
sous la direction de Franck Neveu
26

Série *Grammaires et représentations de la langue*
16

Qu'est-ce que le français ?

Patrick Charaudeau

Qu'est-ce que le français ?

Mythes et réalités

PARIS
CLASSIQUES GARNIER
2025

Patrick Charaudeau, linguiste, sémiologue et analyste de discours, a été professeur à l'université Sorbonne Paris Nord, actuellement chercheur associé au CNRS, laboratoire Cerlis-Paris Cité. Il est notamment l'auteur de *La Manipulation de la vérité. Du triomphe de la négation aux brouillages de la post-vérité* (Limoges, 2020) et *Le Sujet parlant en sciences du langage. Contraintes et liberté* (Limoges, 2023).

ISBN 978-2-406-18283-2 (livre broché)
ISBN 978-2-406-18284-9 (livre relié)
ISSN 2271-6297

Le mythe est une parole.
Roland BARTHES

INTRODUCTION

Mais qu'est-ce que nous fait le français ? Qu'est-ce que nous fait la langue française pour qu'elle soit objet de tant de polémiques ? Ici, on la couvre d'opprobres et on la brocarde ; là, on la célèbre pour sa logique et son élégance. Tantôt, on appelle à sa déconstruction, tantôt, à sa purification. Certains réclament qu'on l'adapte aux temps modernes, qu'on la simplifie, d'autres, qu'on en revienne à sa source. Ici, on lui reproche d'avoir des relents de colonialisme[1], là, on la taxe de sexisme[2], et Roland Barthes, dans sa leçon inaugurale au Collège de France, est allé jusqu'à la qualifier de fasciste[3]. Poursuivons. Certains se demandent si le français existe, d'autres, au contraire, veulent se l'approprier à des fins d'émancipation[4]. On l'attaque pour sa modernité, on le défend pour sa créativité. D'un côté, on lui reproche son incorrection, ses fautes ; de l'autre, on justifie celles-ci au nom de sa complexité. Tout cela donne lieu à un manifeste de linguistes qui annonce : « Le français se porte bien[5] », à quoi d'autres linguistes rétorquent, dans une Tribune journalistique : « Le français se porte mal, hélas[6] ». En faisant apparaître l'ombre d'Orwell, une revue s'interroge : « La langue [est-elle] sous contrôle ? ». Enfin, à l'occasion de l'installation de la *Cité internationale de la langue française* dans le château de Villers-Cotterêts, un magazine titre : « Faut-il sauver le français ? » et un autre : « Le français. 500 ans de polémiques[7] » La langue française mérite-t-elle « ni cet excès d'honneur

1 Voir : Rada Ivekovic, « Langue coloniale, langue globale, langue locale », Rue Descartes n° 58, 2007, p. 26-36.

2 Viennot Eliane, *Non, le masculin ne l'emporte pas sur le féminin ! Petite histoire des résistances de la langue française*, Donnemarie-Dontilly, éd. iXe, 2017.

3 Barthes R., *Leçon*, 1978, Paris, Le Seuil-Points.

4 Candea M., Véron L., *Le français est à nous ! Petit manuel d'émancipation linguistique*, Paris, La Découverte, 2019.

5 *Les Linguistes atterrées*, Tracts-Gallimard n° 49.

6 *Le Figaro*, 25 mai 2023.

7 *L'Obs*, 6 septembre, 2023 ; *Télérama*, 27 octobre 2023.

ni cette indignité » ? Et puis, est-ce la langue qui est en cause ou ceux qui la parlent ?

La question de la maltraitance de la langue française est une vieille antienne chantée par quelques doctes et puristes accrochés à la tradition. Voltaire déjà considérait à son époque que le bon français était en perdition. Pourtant, cette question concerne les usagers et non point la langue. Celle-ci n'y est pour rien. Elle résulte des échanges écrits et oraux de ceux qui la parlent, et c'est à force de récurrence de ces échanges que s'établissent des normes qui assurent l'intercompréhension entre les individus partageant une même langue. Bien sûr, certains de ces usagers prennent quelques libertés à des fins expressives ; parfois aussi, ils trébuchent, mélangent les manières de parler faute de les adapter aux circonstances de la communication. D'autres prennent plaisir à la triturer, à lui faire subir des transformations de forme ou de sens destinées à marquer une appartenance communautaire, comme en témoignent les langages dits de potaches ou de carabins, les argots et les jargons professionnels. Et, dans les anciennes colonies, là où le français s'est importé, les hommes et les femmes de ces pays ont su se l'approprier, parfois en le mélangeant avec leur propre langue, en en faisant un facteur d'émancipation. Belle diversité qui incite à penser que tout le monde n'a pas les mêmes compétences linguistiques.

Il se dit bien des bêtises sur la langue française, et ce jusque dans les plus hautes sphères de la politique, à commencer par son « universalité[8] ». Le français, pas plus qu'une autre langue, n'a vocation à être universel. Chaque langue, en son système, en ses normes, en ses usages, s'attache à une culture, et chaque culture témoigne des visions du monde propres à chaque peuple. La langue des Inuits décrit des objets, des événements, et expriment des sentiments que le français serait bien en peine de décrire et d'exprimer. On confond souvent universalisme, internationalisme et empire. Le latin fut-il universel lorsque l'empire romain s'étendait sur le monde ? L'espagnol serait-il devenu universel au moment de la colonisation d'une partie des Amériques, puis sous l'empire de Charles Quint ? Le français qui fut un temps dominant dans les Cours européennes, comme langue de la diplomatie, et qui

8 Le président de la république, Emmanuel Macron, dans son discours d'inauguration de la *Cité internationale de la langue française* dans le château de Villers-Cotterêts, a qualifié la langue française de « langue de liberté et d'universalisme ».

avait statut de langue officielle – celle que parlaient les représentants des diverses puissances qui signèrent en 1815 le traité du Congrès de Vienne –, ce français là, le considérait-on alors comme langue universelle ? Et l'anglais qui à notre époque domine le commerce international est-il pour autant universel ? Avoir le statut de langue véhiculaire internationale n'est rien de plus qu'avoir une place dominante dans un marché mondial des biens de consommation, sans que celle-ci devienne langue de culture commune. Si le français fut initiateur et porteur de valeurs universelles, telles les « droits de l'homme », c'est au titre des discours qui en posent les principes, et non point de la langue en tant qu'elle est un ensemble de systèmes phonologique, morphologique, syntaxique et sémantique. Et d'ailleurs, comment prétendre que les quelques 300 millions de personnes francophones représenteraient par la langue les presque 8 milliards d'individus qui peuplent la planète terre ? L'universel est affaire de principes et de valeurs portés par du discours, pas par la structure d'une langue.

Il est vrai que bien des idées reçues courent sur la langue française et son usage, que ce soit pour l'attaquer ou pour la défendre. Deux ouvrages[9], en particulier, les ont passées en revue avec sérieux, parfois en s'en moquant, parfois en les dénonçant, parfois aussi en essayant de les expliquer. Mais des idées reçues, qu'on les appelle idées fausses, idées préconçues, préjugés, aprioris, stéréotypes, il y en a à propos de tout ce qui affecte la vie en société. Face à l'incompréhension du monde, les individus éprouvent le besoin d'apporter des explications, et pour ce faire, ils s'emploient à rationaliser leurs impressions. Il se dotent ainsi d'un arsenal de représentations sur le pourquoi et le comment des phénomènes sociaux qu'ils donnent pour vérité. Cela constitue leurs croyances, ou, ce que nous préférons nommer leurs *imaginaires.* Tout un chacun, quelle que soit sa compétence, a une idée plus ou moins élaborée sur ce qui se dit ou ne se dit pas, ce qui est correct ou incorrect, ce qui est bien dit ou mal dit. Il s'agit là de son *imaginaire linguistique* dont témoignent diverses études[10], lequel se heurte parfois à quelques réalités.

9 Hoedt A. et Piron J., *Le français n'existe pas*, Le Robert, 2020 ; Gasquet-Cyrus M., *En finir avec les idées fausses sur la langue française*, Éditions de l'Atelier, 2023.

10 Houdebine A.-M., « L'imaginaire linguistique : un niveau d'analyse et un point de vue théorique, in Houdebine A.-M. (dir.), *L'imaginaire linguistique*, Paris, L'Harmattan, 2002.

Le français, l'histoire nous le dit, a une existence institutionnelle. D'abord, par L'Ordonnance de Villers-Cotterêts qui, en 1539, en fait la langue officielle du droit, de l'administration et de la justice du royaume de France, contre le latin. Puis par l'article 2 de la Constitution du 4 octobre 1958 qui le déclare « La langue de la République », sans que pour autant en soit précisée la nature. Il s'agit là de la définition d'une entité abstraite, comme il en est des notions de « nation » et de « patrie », qui ne dit rien sur son usage, mais qui, par sa force symbolique, possède un pouvoir fondateur de ce en quoi doit se reconnaître un peuple. En cela, personne ne peut dire : « le français n'existe pas », car il n'y aurait pas de peuple formant une communauté linguistique. Pas plus qu'on ne peut dire « la langue nous appartient », ni « la langue est à nous », car aucun groupe particulier ne peut se prévaloir d'une appropriation exclusive de la langue. On y adhère de fait, dès notre naissance, par le biais de la collectivité, quitte à en faire un usage personnel sous la condition d'être compris par les autres.

Existence institutionnelle, la messe n'est pas dite pour autant. Car, hors cette reconnaissance à la fois institutionnelle et symbolique, reste à savoir quelle est la nature du français, en quoi le reconnaît-on comme le lien qui permet de faire communauté ? Quels sont les critères qui permettraient de statuer sur ce qui est français et ce qui ne l'est pas ? Qui a autorité pour l'instituer ? Cet opuscule, loin de chercher à célébrer l'excellence du français, loin de vouloir en critiquer les pourfendeurs ou les défenseurs, s'emploie à le prendre à bras le corps, et tente de démêler le vrai du faux sans esprit de polémique. Partant des griefs qui lui sont adressés, on s'emploiera à reprendre diverses questions concernant son usage qui sont autant objet de mythes que de réalité. Restera alors la question de savoir ce qu'est le français. On partira à la recherche des critères qui permettraient de le définir, en interrogeant d'abord la raison juridique quant à sa façon de déterminer la nature de la langue française. Puis on verra dans quelle mesure la raison linguistique peut y faire écho tout en apportant ses propres critères au regard de la façon dont se constitue la langue et fonctionne le langage.

Toutes ces questions sont passées au crible d'une analyse linguistique. Il ne s'agit pas ici d'un décorticage technique de la langue, mais seulement d'observations en fonction des données d'une discipline scientifique. On sait bien que toute analyse, pour aussi scientifique qu'elle veuille être, n'est pas dépourvue de subjectivité. Mais une discipline scientifique a pour vocation de livrer des savoirs de connaissance avec ses exigences et ses contraintes. Il en va de la confiance que l'on peut lui accorder au risque de heurter les savoirs de croyance qui agitent l'esprit des Français dès qu'il s'agit de *leur* langue. C'est là un gage de crédibilité. Les certitudes sont de l'ordre de la croyance, les interrogations de l'ordre de la connaissance. Alors, le français, mythes ou réalités ?

LE FRANÇAIS

Les imaginaires de la langue

> La pensée des langues et langages, où se décide le jeu des imaginaires des humanités.
> Édouard GLISSANT

Quels griefs formule-t-on contre le français ? On peut en établir la liste à partir des divers écrits qui critiquent ou défendent la langue française.

– Les Français sont prisonniers du rêve de « la belle langue littéraire du passé ». Ce serait pour cette raison qu'ils se réfèrent à Molière, langue jugée idéale, alors que c'est celle de l'époque classique. Il faudrait donc les en dissuader, parce que le français change avec le temps. Qui a tort, qui a raison ? C'est le « syndrome de Molière ».

– Les Français « parlent de plus en plus mal », « la grammaire est saccagée ». Est-ce certain ? Quelle en est la preuve ? Et puis, s'agit-il du français oral ou du français écrit, et ne projette-t-on pas l'un sur l'autre ? Alors, comment le français s'est constitué à partir du latin, comment s'est construite la grammaire au cours du temps. Et, après tout, n'y a-t-il qu'une grammaire ? Une grammaire de l'oral serait-elle en tout point identique à une grammaire de l'écrit ? Deux grammaires ne valent-elles pas mieux qu'une ?

– « L'orthographe est en danger ». Est-ce imputable à l'orthographe ou à ceux et celles qui la pratiquent ? Il est vrai que les enquêtes sur la question ne sont pas optimistes. Pourtant, les représentations que les Français se font de leur propre pratique, ne sont pas aussi pessimistes. Une enquête de l'IFOP[1] montre que, si « 95 % des personnes interrogées estiment que le niveau baisse », 80 % s'estiment plutôt bonnes en

1 Sondage Ifop, du 4 juillet 2023.

orthographe, tout en reconnaissant, pour 62 %, « que la langue française est difficile », bien que 64 % d'entre elles s'opposent à ce qu'elle fasse l'objet de simplifications. Alors, faut-il réformer l'orthographe du français ? Qu'en est-il de cette « guerre picrocholine » ?

– Les Français pensent que leur langue est « unique et universelle ». À quoi il faudrait opposer, qu'elle est diversement parlée, dans différentes régions de l'hexagone et pays du monde. Devrait-on en tirer la conclusion que « le français n'appartient pas à la France » ?

– Le français serait « envahi » par l'anglais. Est-ce si vrai ? Mots et tournures anglaises dans le français, il y en a depuis longtemps, mais peut-être que, mondialité oblige, il y en a maintenant davantage. Le français s'en trouve-t-il dénaturé ? Faut-il en revenir à Cambronne, ou à « Messieurs les Anglais, tirez les premiers » ? Le français et l'anglais : « Je t'aime, moi non plus ».

LE SYNDROME MOLIÈRE
L'alouette au miroir

LE PASSÉ DANS LE PASSÉ

D'abord, nous ne savons pas comment Molière parlait dans la conversation courante – il n'y avait pas à l'époque d'appareils d'enregistrement. On ne sait pas comment il parlait dans ses relations amoureuses, quelle langue il employait dans ses disputes avec Armande, dans son travail avec sa troupe de comédiens ou dans son face à face avec le roi lorsque celui-ci lui commandait des pièces. La langue de Molière, ce n'est pas celle de sa personne, mais celle de ses écrits, donc d'une langue écrite et de surcroit pour le théâtre. La langue de Molière est celle de, ce que l'on a appelé à postériori, la *langue classique* du XVIIe siècle. Le *Dictionnaire du français classique* nous dit que « Ce que l'on appelle la langue classique, c'est essentiellement, non la langue parlée, celle qui transparaît à travers les romans, les procès-verbaux ou les actes, les archives de toute nature, mais la langue écrite, celle qui se fixe à l'intérieur du discours littéraire et que privilégient à la fois les grands écrivains et l'enseignement français, […] ce que l'on pourrait appeler *la langue commune littéraire* du classicisme[2]. » Cette langue se distingue de celle de notre langue que l'on dit *moderne* en plusieurs aspects. D'abord par la prononciation de certains mots : dans les textes, le mot *français* était écrit *françois*, et vraisemblablement prononcé [fransoué]. Et concomitamment par la graphie qui n'était pas encore stabilisée à l'époque : on écrivait aussi bien *oiseleur* que *oiselier*, *horlogeur* que *horloger*. Elle comportait des lettres différentes (une sorte de *f* à la place de ce que sera plus tard le *s*, et parfois *y* au lieu de *i*, et *u* en place de *v*), des signes diacritiques différemment placés (*foüiller*), comme on le constate dans ce passage de *L'Avare* :

HARPAGON
Qu'est-ce que tu parles de voler ?

LA FLÈCHE
Ie dis que vous foüillez bien par tout,
pour voir si ie vous ay volé

HARPAGON
C'est ce que ie veux faire.

Il foüille dans les poches de la fleche.

LA FLÈCHE
La peste soit de l'auarice et des auaricieux.

Ensuite, cette langue se distingue de la nôtre par le sens de certains mots dont le champ sémantique pouvait être, tantôt plus restreint, tantôt plus étendu. Ainsi du mot *fortune* qui, selon le contexte, pouvait signifier « hasard » (« par fortune »), « chance » (« Sans courir le danger en tenter la fortune »), « danger » (« Lors de mon coin vous me verrez sortir incontinent, de crainte de fortune »), « risque » (« courir fortune »), « aventure » (« la bonne fortune »). Ces mêmes mots pouvaient être employés les uns pour les autres, comme c'est le cas de *soin, attention, souci, zèle, service.* Le *Dictionnaire du français classique* répertorie les mots dont le sens est tantôt propre au XVIIe siècle, et qui ont disparu du français contemporain, ceux dont le sens coexiste avec l'époque contemporaine, ceux dont le sens est plus étendu au XVIIe, et ceux qui perdurent dans notre modernité. Les auteurs constatent : « si nous étudions la langue du XVIIe siècle, nous distinguons des continuités et discontinuités à

2 *Dictionnaire du français classique. Le XVIIe siècle.* Paris, Larousse, 1992.

l'intérieur des significations des lots et entre les mots eux-mêmes ». Et ils se posent la question : « Faut-il conclure que notre vocabulaire s'est appauvri depuis l'époque classique ? On constate une limitation certaine au niveau de la liberté du groupe nominal ou verbal ; les mots qui subsistent s'emploient de nos jours dans des contextes moins divers qu'au XVIIe, mais la clarté de la langue y a gagné[3]. » La syntaxe, en revanche, malgré quelques différences grammaticales, est proche de la syntaxe que nous pratiquons, avec autant d'instabilité. L'article défini, par exemple, est l'objet de discussion, savoir s'il doit être employé ou omis, s'il faut dire « ouïr messe » ou « ouïr *la* messe[4] », omission que l'on peut pratiquer à l'heure actuelle, par souci d'élégance archaïque (« Vous donnerez prétexte à quelque mauvaise affaire »)[5]. L'emploie du possessif se combine avec l'article (« un *mien* frère ») comme en italien (« il mio fratello »). L'emploi des adverbes, conjonctions et prépositions peut différer de l'emploi moderne, ainsi que le régime de certains verbes (transitifs/intransitif). Les accords, en genre et nombre sont, comme on l'a vu plus haut, instables, du fait d'une organisation de la phrase « à tiroir » avec enchâssement des propositions les unes dans les autres, ce qui a peut-être inspiré Proust pour ses phrases longues avec nombre de subordonnées. Mais rien qui fasse obstacle à la compréhension[6]. D'ailleurs, la plupart de ces hésitations seront réglées par la *Grammaire de Port Royal*[7]

LE PASSÉ DANS LE PRÉSENT

Cependant, cette langue classique, contrairement à celles des siècles antérieurs (moyen et ancien français), ne nous est pas si étrangère. Il suffit d'ailleurs d'en moderniser la graphie pour que, à quelques mots près, elle soit tout à fait compréhensible, comme en témoigne ce même dialogue de l'Avare :

---

3 *Ibid.*

4 Voir : Gilles Ménage, *Observations sur la langue française*, Paris, Classique Garnier, 2022.

5 Voir : Robert Martin, « Quelques faits de syntaxe d'après la littérature à grande diffusion », in Antoine G. et Martin R., *Histoire de la langue française 1880-1914*, CNRS éditions, 1999.

6 Voir : Alain Schneider, « La question de la syntaxe dans les *Observations sur la langue françoise (1672)* de Gilles Ménage », *in Littératures classiques*, 2015/3, n° 88, p. 151-160.

7 Lancelot C. et Arnauld A, *Grammaire générale et raisonnée*, dite Grammaire de Port Royal), publiée en 1660.

HARPAGON

Hors d'ici tout à l'heure, et qu'on ne réplique pas. Allons, que l'on détale de chez moi, maître juré filou, vrai gibier de potence.

LA FLÈCHE

Je n'ai jamais rien vu de si méchant que ce maudit vieillard et je pense, sauf correction, qu'il a le diable au corps.

HARPAGON

Tu murmures entre tes dents.

LA FLÈCHE

Pourquoi me chassez-vous ?

HARPAGON

C'est bien à toi, pendard, à me demander des raisons ; sors vite, que je ne t'assomme.

Cette langue, pour ce qui est de sa morphologie et de sa syntaxe ne peut servir de modèle. En revanche, par le fait de la distance et de ses archaïsmes, elle ne cesse d'exercer un attrait au point de devenir un critère d'élégance. Ce jugement du « beau parler » est un jugement à postériori qui tient à une manière d'écrire, archaïsante, et fascine nos contemporains. Il suffit d'entendre le comédien Fabrice Luchini, célébrer dans ses spectacles les textes de La Fontaine – dans une version modernisée – pour être saisi d'une émotion esthétique dans sa plus grande simplicité

Certain Ours montagnard, Ours à demi léché,
Confiné par le sort dans un bois solitaire,
Nouveau Bellérophon vivait seul et caché.
Il fût devenu fou ; la raison d'ordinaire
N'habite pas longtemps chez les gens séquestrés :
Il est bon de parler, et meilleur de se taire,
Mais tous deux sont mauvais alors qu'ils sont outrés[8].

C'est peut-être cette fascination qui nous fait dire « Quelle belle langue ! » Mais nous ne parlons pas et n'écrivons pas comme Molière ni comme La Fontaine ni comme d'autres écrivains de l'époque classique. Ils ne peuvent servir de modèle d'expression – sauf à vouloir faire des effets de style –. Ils restent cependant des objets de contemplation comme

8 La Fontaine, Fable : « L'Ours et l'Amateur des jardins ».

peuvent l'être les tableaux de quelques peintres du XVIIe. Lisez et écoutez avec délectation cet échange entre les deux sœurs des *Femmes savantes* qui devisent sur les bienfaits et méfaits du mariage :

ARMANDE

Ah fi, vous dis-je.
Ne concevez-vous point ce que, dès qu'on l'entend,
Un tel mot à l'esprit offre de dégoûtant ?
De quelle étrange image on est par lui blessée ?
Sur quelle sale vue il traîne la pensée ?
N'en frissonnez-vous point ? Et pouvez-vous, ma sœur,
Aux suites de ce mot résoudre votre cœur ?

HENRIETTE

Les suites de ce mot, quand je les envisage,
Me font voir un mari, des enfants, un ménage ;
Et je ne vois rien là, si j'en puis raisonner,
Qui blesse la pensée et fasse frissonner.

L'expression « La langue de Molière » n'est qu'une référence symbolique comme on le dit de Cervantès pour l'espagnol, de Dante pour l'italien, de Goethe pour l'allemand et de Shakespeare pour l'anglais. Point n'est donc besoin de s'élever contre cette « idée reçue », car même si certains esprits, dits conservateurs, s'y réfèrent, ils savent très bien que c'est au titre d'une « illusion perdue ». On peut donc continuer à dire que le français est la langue de Molière, comme *l'alouette au miroir.*

Reconnaissons cependant que les *Tartuffe, Avare, Misanthrope, Dom Juan, Bourgeois gentilhomme* et autre *Précieuses ridicules*, se font entendre encore de nos jours, et que les morales des fables de La Fontaine trouvent leur écho en notre temps :

Selon que vous serez puissant ou misérable
Les jugements de cour vous rendront blanc ou noir[9] »

C'est là une autre question qui ne relève plus de la seule langue, mais de la pensée à travers la langue : *le discours.*

9 « Les animaux malades de la peste ».

UNE REPRÉSENTATION IDÉALISÉE

Se référer à la langue de Molière, c'est rêver un idéal de la langue, c'est donc une affaire de *représentation*. Les représentations sur la langue vont de pair avec celle de la culture parce que s'y joue l'identité des peuples. En Europe, au Moyen âge, commencent à fleurir des grammaires. 1492 est une année marquée par la découverte de l'Amérique, mais aussi par la publication de la première grammaire de la langue espagnole de Juan Antonio de Nebrija instituant le castillan : langue du peuple espagnol. Il s'agissait alors d'unifier les peuples du territoire ibérique dont les composantes régionales et féodales se livrent une guerre sans merci. Le français n'est pas en reste, et c'est pourquoi, comme on l'a mentionné en introduction, François Ier édicta en 1539 *L'Ordonnance de Villers-Cotterêts* qui en fait, contre le latin, la langue officielle du droit, de l'administration et de la justice du royaume de France.

> François, par la grâce de Dieu, roy de France, sçavoir faisons, à tous présens et advenir, que pour aucunement pourvoir au bien de notre justice, abréviation des proçès, et soulagement de nos sujets avons, par édit perpétuel et irrévocable, statué et ordonné, statuons et ordonnons les choses qui s'ensuivent.
>
> Et pour ce que telles choses sont souvent advenues sur l'intelligence des mots latins contenus esdits arrests, nous voulons d'oresnavant que tous arrests, ensemble toutes autres procédures, soient de nos cours souveraines et autres subalternes et inférieures, soient de registres, enquestes, contrats, commissions, sentences testaments, et autres quelconques, actes et exploicts de justice, ou qui en dépendent, soient prononcés, enregistrés et délivrés aux parties en langage maternel françois et non autrement.
>
> Donné à Villers-Cotterêts au moys d'aoust, l'an de grace mil cinq cens trente neuf, et de nostre règne le vingt cinquiesme.
>
> FRANCOYS. Par le Roy

Mais c'est surtout au XVIIIe siècle que naît l'idée que la culture est comme une « essence » qui colle aux peuples, une essence qui est exprimée par les œuvres d'art et la langue. De là que chaque peuple se caractériserait par son « génie ». Plus tard, au XIXe siècle, s'impose la formule « une langue, un peuple, une nation » qui a contribué à la délimitation de territoires nationaux et en même temps au déclenchement de conflits pour la défense ou l'appropriation de ces territoires, dont l'enjeu était la création d'une *conscience nationale*. Cette idée a été défendue avec plus ou moins de vigueur par les nations, selon qu'elles ont réussi à intégrer et homogénéiser les différences et les spécificités linguistiques locales et régionales (comme en France), où qu'elles se sont heurtées à une résistance, créant une situation linguistique fragmentée (comme en Espagne, ou en Grande-Bretagne).

Il est clair que la langue est nécessaire à la constitution d'une identité collective, qu'elle garantit la cohésion sociale d'une communauté, qu'elle en constitue d'autant plus le ciment qu'elle s'affiche. Elle est le lieu par excellence de l'intégration sociale, de l'acculturation linguistique, où se forge la symbolique identitaire. Il est également clair que la langue nous rend comptables du passé, crée une solidarité avec celui-ci, fait que notre identité est pétrie d'histoire et que, de ce fait, nous avons toujours quelque chose à voir avec notre propre filiation aussi lointaine fût-elle.

UNE QUÊTE D'IDENTITÉ

La langue a donc partie liée avec l'identité. La question de l'identité apparaît à chaque époque de bouleversement social. Elle surgit chaque fois qu'elle est mise en cause, battue en brèche par l'effet de ce qu'imposent les mouvements de population. L'identité que l'on croyait pérenne se trouve reléguée dans un « paradis perdu ». Alors, revient en mémoire un passé vers lequel on se tourne avec nostalgie et que l'on désire récupérer. Quête d'identité en un mouvement de retour vers une origine. Et l'on cherche à concrétiser cette origine, ici dans les délimitations d'un territoire, là dans la résurgence de coutumes anciennes, là dans une ethnie qui s'était mélangée et qu'il faut purifier, ou encore dans une relecture radicale des valeurs religieuses. La langue, on le comprendra, en est le moyen par excellence. Il s'agit de la maintenir dans son état originel, et de la défendre contre tout ce qui semble la déliter. On l'associe à la revendication d'un territoire, territoire régional (le Corse, le Catalan, le Basque), ou, paradoxe ironique, territoire de l'État-nation devant s'imposer aux territoires régionaux, pour défendre la langue du peuple-nation. On se rappelle la devise proposée par le Conseil régional du Languedoc-Roussillon : « Catalan, avant tout, Français par-dessus tout ». On voit s'y confronter l'antagonisme entre identité régionale et identité nationale : la langue catalane « avant tout », qui renvoie à l'origine matricielle, à l'engagement du corps dans son territoire et son histoire, identité irréductible ; la langue française « par-dessus tout », qui renvoie à la symbolique de la République, et donc à l'identité citoyenne constitutive de la Nation. Conflit séculaire entre la racine et le cœur, d'un côté, la raison et la symbolique du citoyen né de la Révolution, de l'autre.

Les êtres humains changent avec le temps, les sociétés changent avec le temps, et donc la langue, qui en est la condition, évolue. Il est évident que plus personne ne parle comme on parlait au dix-septième siècle. Qui emploierait de nos jours le mot *équipage* pour désigner un *habit* (« Est-il rien de plus scandaleux que ce somptueux *équipage* que vous promenez par la ville ? »), *feindre* pour *craindre* (« Nous *feignons* à vous aborder, de peur de vous interrompre »), ou *marchander* pour *hésiter* (« Nous *marchandons*, mon frère et moi, à qui parlera le premier »)[10] ? Ne serait-il pas inconvenant, aujourd'hui, de désigner un *billard* par le mot *trou-madame* ?

Et pourquoi Molière, et point Corneille ou Racine dont la puissance stylistique n'a pas son égal, et dont la force tragique est souvent donnée comme une « représentation de la langue française[11] » ? Quant à ce qui est de l'écriture romanesque, pourquoi ne pas se référer plutôt à Stendhal, Flaubert ou Victor Hugo ? Est-ce dû au succès populaire d'un genre, la comédie à l'italienne (*comedia dell'arte*), qui mélange comique de mots, comique de gestes, comique de situations, comique de caractères à travers des personnages stéréotypés et universels ? Est-ce parce que, l'école aidant, les pièces de Molière (et les fables de La Fontaine) sont arrivées aux oreilles des petits Français et des petites Françaises de toutes les couches de la population, et de toutes les époques ? Dira-t-on aussi que c'est parce que, dans leur puissance tragi-comique, elles touchent quelques traits caractéristiques de l'esprit français : esprit critique (*L'Avare, Le Tartuffe ou l'imposteur*) ; esprit frondeur (*Les fourberies de Scapin*) ; moquerie des grands bourgeois (*Le bourgeois gentilhomme*) et de la grandiloquence intellectuelle (*Les précieuses ridicules, Les femmes savantes*) ?

Quoi qu'il en soit, ce rêve de retour à une langue d'origine fondatrice est d'évidence une illusion. La langue, comme l'identité culturelle qui l'accompagne, est la résultante d'une combinaison complexe entre « continuisme » dans le temps de l'histoire, et « différencialisme » du fait de rencontres, de conflits et de ruptures, qui font alterner *homogénéisation*

10 Ces exemples sont tirés de la pièce de théâtre : *L'Avare*.

11 Gilles Siouffi, « Les tragédies comme représentation de la langue française », in Declercq G. et Rosellini M., *Jean Racine, 1699-1999*, Paris, Puf, 2004, p. 415-435.

et *hybridation* linguistiques. Si une langue ne changeait jamais dans le temps ni l'espace, cela voudrait dire que les communautés linguistiques n'auraient aucune capacité à s'adapter aux bouleversements sociaux et resteraient figées sur elles-mêmes. « C'est au cœur de la métamorphose et de la précarité que se loge la véritable continuité des choses » dit l'anthropologue Serge Gruzinski[12]. On pourra donc continuer d'employer la formule « la langue de Molière » en sachant que c'est de manière symbolique et non point définitoire.

QUELLE GRAMMAIRE ?
Deux grammaires valent mieux qu'une

De même que les espèces évoluent, la langue évolue, se transforme par étapes successives, progressivement, d'un état à un autre. Et la grammaire, qui en est sa représentation, s'y adapte.

DU LATIN AU FRANÇAIS MODERNE

Ne remontons pas à l'origine du français, bien difficile à déterminer. Rappelons seulement que le français, à l'instar des langues romanes, s'est développé à partir du latin dit vulgaire, lui-même divers et varié. Un latin populaire qui, au contact des populations conquises par l'Empire romain, s'est diversifié selon les caractéristiques des parlers régionaux, eux-mêmes fragmentés en raison de diverses influences. Progressivement, des transformations et des créations se sont opérées, en passant par différents stades, du roman, de l'ancien français, du français moyen, du français classique jusqu'au français moderne. Le grand bouleversement fut celui du passage d'une langue structurée autour d'un certain nombre de cas (le latin) à des langues (romanes) qui doivent compenser la disparition des déclinaisons en créant de nouveaux procédés morphologiques et syntaxiques. Sont apparues de nouvelles formes : les articles (esp. *el, le, lo* ; fr. *il, lui, le* ; it. *egli, lui, gli, lo)* ; les pronoms (*je* en français, *yo* en espagnol, *eu* en portugais, *io* en italien) ; les prépositions (*à, de, par, pour*) ;

12 Gruzinski S., *La pensée métisse*, Paris, Fayard, 2001.

s'en est suivi un nouvel ordre phrastique (sujet-verbe-objet), avec le besoin de marquer les accords en genre et en nombre. Le lexique, lui aussi, a subi des transformations morphologiques, par la syncope des voyelles non accentuées (*florem* > *fleur*), l'affaiblissement de certaines consonnes (*adjutare* > *aider*), et, d'une manière générale, l'effondrement du système vocalique latin qui se distribuait en voyelles brèves et longues (*līběr* > *livre*, *mălŭm* > *le mal*).

Au stade de ce que l'on a appelé le « roman », le français (alors gallo-roman), comparativement aux autres langues romanes, se fait remarquer par le plus grand nombre de transformations du fait de diverses influences régnant sur le territoire des Gaules (entre autres, les traits celtiques) : l'affaiblissement des voyelles du cas accusatif (*-am, -um*) en [ø] central, transcrit *e*, ce qui explique la confusion entre masculin et neutre[13]. De plus, autre différence remarquable, l'accent tonique du latin disparaît en français, alors que celui-ci se maintient au-delà des Pyrénées et des Alpes. Ce sont donc les sujets parlants qui, vivant en communauté, dans un certain espace, à une certaine époque, établissent et régulent inconsciemment une langue et la structurent.

Une langue n'est pas seulement parlée, elle est écrite, et c'est le deuxième bouleversement qui accompagne le précédent. Car la spontanéité des échanges crée une grande diversité et instabilité des usages oraux, à laquelle s'oppose la nécessité de fixer l'écrit en faisant en sorte qu'il puisse être reconnu et partagé par la collectivité. Dans ce travail de correspondance entre les formes de l'oral et celles de l'écrit, de fixation des formes graphiques qui ne coïncidaient pas toujours avec le flux oral, est né le besoin impérieux de déterminer ce qui est récurrent, constant, variable ou inédit, de normaliser la forme des mots et de régler leur combinaison, d'instaurer des « normes d'usage ». Ainsi sont nées les grammaires.

FONCTION ET NÉCESSITÉ DES GRAMMAIRES

Une grammaire n'est pas une langue, mais une description de la langue qui lui sert de représentation. La grammaire n'est pas première. La langue la précède par l'usage, et la grammaire la suit avec difficulté.

13 Pour plus de détails sur ces transformations, voir : Meyer-Lübke, *Grammaire des langues romanes*, Paris, Honoré Champion, 2011 et Ursula Reutner, « Du latin aux langues romanes », https://www.researchgate.net/publication/341313111.

On peut dire que les grammaires remontent, sous une forme primitive, à l'Antiquité occidentale où naît le désir de donner une forme stable à la fugacité des articulations sonores de l'oralité, et cela à l'aide d'un alphabet. Ainsi se constitue une morphologie et un ordonnancement des formes se succédant dans la chaîne parlée : une *syntaxe*. Au Moyen Âge, les grammaires étaient encore latines, c'est-à-dire que leur description dépendait du modèle des grammaires du latin, comme *l'Ars minor*, *Ars Major* de Donat. Or le territoire de la France-Gaule de l'époque était une mosaïque linguistique de divers parlers. Il s'agissait devant la multiplicité dialectale et la variété des sons de faire correspondre à ceux-ci une forme graphique pour stabiliser l'écrit en une graphie commune. La grande préoccupation de cette période fut l'écriture. Ce fut, comme on l'a mentionné précédemment, le règne des typographes qui s'employèrent à transcrire l'oralité et durent inventer des signes (accents, signes diacritiques, ponctuations) : « L'édification d'une grammaire française est fondée d'abord sur les progrès de la graphie[14] » rappelle l'historien de la grammaire, Jean-Claude Chevalier.

Mais voilà qu'au XVIe siècle, sous l'influence d'Érasme, se produit un renforcement de la latinité classique contre le latin vulgaire ce qui fait que les grammaires sont toujours en décalage avec les divers parlers des régions de France. Le XVIIe siècle, en revanche, fut le siècle de la « francisation » des grammaires sous une volonté à la fois politique et culturelle. Au XVIIIe, siècle des Lumières, on assiste à une prolifération des grammaires[15] qui essayent de marier nouveauté et tradition. Mais en même temps surgit une nouvelle querelle à propos de l'orthographe entre une tendance réformiste qui veut que graphie et prononciation correspondent, et une tendance conservatrice qui s'emploie à rappeler l'étymologie. Il en résulte une complexité de la langue française, aussi bien dans sa morphologie que dans sa syntaxe qui n'a pas son pareil dans les autres langues romanes. Durant le XIXe siècle, sous l'impulsion du réformisme napoléonien, s'institutionnalise le système scolaire qui a besoin pour se généraliser d'une langue stable et structurée, et d'une référence commune pour le bien écrire. Dès lors, c'est à des grammaires

14 Chevalier J.-C., *Histoire de la grammaire*, Paris, PUF, *Que sais-je ?* 1994, p. 6-17-18.

15 Dont : *Traité de la grammaire française* de l'abbé Regnier-Desmarais en 1706 ; *Grammaire françoise sur un Plan nouveau* du Père Buffier en 1709 ; les *Vrais principes de la langue françoise* de l'abbé Girard en1747 ; la *Grammaire générale* de Nicolas Beauzé en 1767.

à visée pédagogique[16] que l'on a affaire pour assurer un enseignement général, sous la houlette d'institutions prestigieuses comme le Collège de France, les Séminaire des Hautes Études (1868) et les Facultés des Lettres (1875). C'est le règne de la grammaire comparée, et de la grammaire historique, sur fond de conflits entre traditionnalistes et novateurs, avec des auteurs comme Ferdinand Brunot[17], Arsène Darmesteter, Charles Bally[18], J. Damourette et E. Pichon[19]. Enfin, c'est au XXe siècle qu'est consommée la rupture entre l'attitude du savant et celle du normatif, avec l'apparition du Cours de linguistique générale de Ferdinand de Saussure, qui s'emploie à décrire, et non plus à prescrire, la langue. Ne s'opposent plus alors tendances conservatrices et novatrices, mais diverses théories scientifiques (structuralisme, fonctionnalisme, générativisme, pragmatisme, etc.).

LA GRAMMAIRE FRANÇAISE : UNE RECHERCHE D'AUTORITÉ

C'est au XVIe siècle que s'impose définitivement le français, à la fois par volonté politique – l'Ordonnance de Villers-Cotterêts –, et souci de réguler la langue selon divers critères de simplification, de style ou de logique, afin de la stabiliser et d'en étendre le partage, particulièrement pour son emploie écrit. Mais encore fallait-il décider ce qui dans cet usage devait être considéré comme faisant autorité. Il devenait donc nécessaire de s'appuyer sur des autorités. Comme, à cette époque, l'écrit était réservé à une élite, ce furent la langue littéraire des écrivains, la langue du pouvoir administratif, la langue de la Cour et de l'intelligentsia, et celle de l'Église des prêtres et des moines, qui servirent de vivier dans lequel puiser pour définir les règles du « bien parler », voire du « beau parler ». Apparurent alors des doctes qui s'employèrent à déterminer ce qui devait se dire selon des critères de justesse, de logique et d'élégance : une première définition du « bon usage ». Cela ne se fit pas sans conflits

---

16 Les *grammaires* de Lhomond (1780), de Noël et Chapsal, de Larive et Fleury (1880), des Bescherelle (1834-1877), de Ch. Girault-Duvivier (1811).

17 Brunot F., *La pensée et la langue. Méthode, Principes et plan d'une théorie nouvelle du langage appliquée au français*, Paris, Masson, 1936, site Gallica de la Bnf.

18 Bally Ch., *Traité de stylistique française.* T. 1, « La langue parlée et l'expression familière », Paris, Klincksieck, 1905.

19 Damourette J. et Pichon E., *Des mots à la pensée. Essai de grammaire de la langue française*, Paris, d'Artrey, 1911-1940, Gallica-Bnf.

car les avis étaient partagés sur ce qui devait faire autorité. Il y eut ceux qui, soucieux du style et de l'enrichissement de la langue, prennent comme modèle la langue des poètes (Ronsard, Du Bellay). Ceux qui, comme Malherbe, s'opposent à la préciosité des poètes, et cherchent à simplifier le français en le débarrassant de son foisonnement littéraire, en taillant dans les latinismes, les archaïsmes, les provincialismes, et en se référant aussi bien au langage des nobles qu'à celui des bourgeois. Commence alors une querelle entre normatifs et créatifs, autour de l'idée de « la perfection de nostre langue[20] ». Cette querelle se poursuivra au XVIIe siècle dans les salons littéraires tenus par des femmes (Mademoiselle de Montpensier, Madame de La Fayette), querelle animée par Claude Favre de Vaugelas, Père Bouhours, Nicolas Beauzée, le tout couronné par la création de l'Académie française (1634), sorte de gardienne du temple en matière de « Bon usage ».

Vaugelas est l'exemple de cette tension. Il estimait qu'en matière de langue l'usage est souverain, mais en jugeant tout de go que « Le peuple n'est le maître que du mauvais usage, et le bon usage est le maître de notre langue ». Appartenant à l'Académie, il était soumis aux autorités, et défendait l'usage de la Cour. En même temps, conscient du changement dans le temps et tout désireux qu'il était de saisir ce que commandait l'esprit d'élégance et d'harmonie, il était soucieux d'enregistrer la variété des usages, et de s'y conformer le plus possible, même quand ceux-ci pouvaient être jugés ridicules. Contrairement à ce que l'on dit parfois, il s'employait moins à réglementer la langue qu'à constater les usages, cherchant à définir un « bon usage ». Certes, la référence en était l'usage de la Cour, mais d'une Cour se composant des diverses populations qui s'y trouvaient. Malherbe et Boileau seront davantage des contempteurs du « mauvais usage » et des législateurs du « bon ». C'est dans cette période que surgit la malheureuse idée de la noblesse du masculin : « Le genre masculin, étant le plus noble, doit prédominer toutes les fois que le masculin et le féminin se trouvent ensemble[21] », créant une confusion entre genre grammatical et genre sexué. Parallèlement, sur fond de querelle entre jésuites et jansénistes, Anciens et Modernes, est

---

20 Voir : Rey A., Duval F., Siouffi G., *Mille ans de langue française, histoire d'une passion*, Perrin, 2007, p. 682.

21 Claude Favre de Vaugelas, *Remarques sur la langue françoise, utiles à ceux qui veulent bien parler et bien écrire*, Paris, Courbé. t. I, p. 130. Nouvelle édition, Paris, Classiques Garnier, 2018.

publiée en 1660 La *Grammaire générale et raisonnée*, dite Grammaire de Port Royal. La préoccupation de leurs auteurs, C. Lancelot et A. Arnauld, n'était pas tant celle de la morphologie que celle de la syntaxe qu'il s'agissait de rendre conforme à des principes de raisonnement logique. Ceux-ci devaient s'inscrire dans la tradition rhétorique permettant de construire des opérations de subordination, déplacement et suppression des propositions, ayant une portée universelle.

LA GRAMMAIRE FRANÇAISE : UN SOUCI D'HUMANISME

L'évolution de la grammaire du français est soumise à la conjonction de deux principes de base : principe de conformité à des formes jugées les plus élégantes et les plus justes ; principe d'organisation logique des éléments de la phrase. Le tout sous contrôle de règles qui, au cours du temps et à travers l'école, deviendront *normatives*. Pour autant, on ne peut pas dire, malgré ce souci d'établir des règles, qu'il y aurait, en France, des lois qui imposeraient une façon de parler. Les quelques tentatives d'intervention de l'État au cours de l'histoire n'ont jamais été, sauf l'ordonnance de Villers-Cotterêts, que des recommandations. Y compris les diverses tentatives de réforme de l'orthographe, jusqu'aux plus récentes. En fait, la préoccupation de ces époques passées, ainsi que du temps présent, est double : réglementer l'écriture par souci politique et humaniste. Par souci politique, le pouvoir cherchant à assurer et maintenir la cohésion nationale sous couvert de souveraineté en se souvenant de la devise sacrée de bien des pays d'Europe : « Une langue, un peuple, une nation ». Mais aussi par souci humaniste en permettant au plus grand nombre de se reconnaître dans un « bien parler » pour « bien se comprendre ». Ainsi les grammairiens se sont-ils employés, via l'école, à dire ce que devait être un « français correct » en instituant des règles qui n'ont rien de juridique, mais qui, par la force de l'institution scolaire, dit La Norme. La langue légitime (politique et humaniste) sera donc la langue de l'école : « Le souci de la langue est une forme de devoir à la fois moral et social lié aux progrès de la connaissance et du maintien de la paix, ou tout du moins de l'"accord" entre les hommes[22]. »

22 Voir Gilles Siouffi « Le langage de la grammaire », in Rey A., Duval F. et Siouffi G., *Mille ans de la langue française, histoire d'une passion*, Perrin, 2007, p. 555.

Pour autant, on ne se trouve pas ici dans le domaine du droit. La légalité en matière de langage ne se décrète pas, ne se proclame pas. Ni par l'État, ni par un groupe particulier. Commettre des fautes ou employer des mots anglais, ne sont pas passibles de sanction pénale. Dans une certaine idéalité, la grammaire se veut « l'art de parler et d'écrire correctement ». C'est là sa légitimité. Et pour ce qui concerne plus spécifiquement le français, c'est la tradition littéraire qui oblige. Ce sont les écrivains classiques (Montaigne, Racine, Pascal, La Fontaine, Voltaire) et modernes (Chateaubriand, Balzac, Flaubert, Hugo, et autres Stendhal) qui jouent le rôle de référence pour ce qui est de l'excellence du français.

GRAMMAIRE DE L'ORAL, GRAMMAIRE DE L'ÉCRIT

Longtemps a été niée, particulièrement dans le cadre scolaire, l'existence d'une grammaire de l'oral. Une fois de plus, le poids de la tradition littéraire érige l'écrit en modèle du bien parler. Et pourtant, les locuteurs, de quelque langue qu'ils soient, ne parlent pas toujours selon les canons de la syntaxe ni de l'organisation phrastique des grammaires scolaires.

À l'oral, hors les situations de conférence ou de déclaration solennelle – la plupart du temps, elles sont écrites –, les sujets parlants sont soumis aux aléas de l'interaction avec d'autres sujets parlants. Interruptions, chevauchements, superpositions, jeux de questions-réponses, autant de situations qui brisent la linéarité de la chaîne parlée : « C'est [...] non [...] pas exactement [...] si tu veux [...] bon, on est d'accord ». À cela s'ajoutent les mouvements émotionnels qui perturbent la logique de l'ordre progressif des mots au profit d'une logique de *redondance progressive* (« Elle les a mis, maman, les couverts à salade ? »), émaillée de raccourcis, d'ellipses, de contractions (« Le p'tit Paul, eh ben, i c'est rien de tout ça ». Les petits écoliers finissent par comprendre, sans qu'ils en aient pleine conscience, qu'il y a une grammaire de l'école qu'ils doivent apprendre, et une grammaire de l'oral qui s'impose dans la cour et dans la famille. Quant aux étrangers qui se sont appliqués à apprendre notre langue à l'école, ils découvrent, en arrivant en France, un français qui n'est pas celui, « lissé » et sans « fritures » des normes dites standards : « C'est en arrivant en France, dit l'un d'eux, que j'ai appris que la négation ne comportait pas deux signes, qu'on pouvait dire "C'est pas juste" ; et j'ai aussi appris que "Merci"pouvait exprimer un refus ». Ils en conçoivent parfois une certaine culpabilité, pensant qu'il y a, en français, « ce qui se dit » et « ce qui ne se dit pas ».

De nombreuses études, menées par des linguistes et sociolinguistes analysant les interactions verbales, ont établi des corpus du français parlé. La linguiste Claire Blanche-Benveniste y a consacré ses études résumées dans son premier ouvrage publié en 1997, *Le français parlé*[23]. Depuis, d'autres études ont mis en évidence les caractéristiques de cet usage du français. Il existe bien une grammaire de l'oral différente de la grammaire de l'écrit. J'ai moi-même consacré un chapitre de ma *Grammaire du sens et de l'expression*[24] aux usages conversationnels, parfois dits populaires. Ils se caractérisent par : un ordre des mots dit affectif qui tend à placer en tête de phrase les éléments d'information jugés les plus importants par le locuteur (« Elle l'a vendue, ta femme, la voiture, à Jean-Jacques ? ») ; une construction segmentée de la phrase selon une succession de temps forts et faibles, de mots génériques et spécifiques (« Il l'a rangée, la voiture, Papa, au garage ? » ; comme déjà dit, l'allègement de la première partie de la négation (« C'est *pas* ce que j'ai dit ») ; la disparition du subjonctif imparfait, sauf en situation oratoire ; celle du passé composé qui devient la seule forme de l'expression du temps passé, au détriment du passé simple (prétérit), une opposition pourtant riche de nuances pour les récits ; l'emploi des deux formes interrogatives (« il viendra ? » et « est-ce qu'il viendra ? »), oubliant la forme par inversion (« viendra-t-il ? »). Accepter l'existence légitime d'une grammaire de l'oral, c'est s'obliger à considérer que ces formes ne sont pas fautives ni incorrectes. Elles n'ont pas de raison d'être critiquées, pas plus que d'être célébrées. Elles sont propres à l'usage oral du français, et peuvent d'ailleurs s'insérer dans l'écrit, pour autant que de besoin.

LA TRADITION LITTÉRAIRE

Il faut se rendre à l'évidence : c'est la tradition littéraire française qui a fondé la grammaire en s'appuyant sur l'écrit. L'oral, le français parlé,

---

23 Blanche Benveniste C., *Le français parlé*, Paris, CNRS, 1997. Voir aussi, à des fins d'enseignement, Suzanne Fradette, *La grammaire de l'oral : une grammaire pas comme les autres*, Cégep de Jonquière, Québec ; Paul Cappeau (dir.), *Une grammaire à l'aune de l'oral*, Presses universitaires de Rennes, 2021.

24 *Grammaire du sens et de l'expression*, (réédition), Lambert-Lucas, 2019, p. 101 et 639.

a toujours été considéré, non seulement par l'école[25], mais aussi par le sentiment populaire, comme dépourvu de finesse (le terme « familier » qui accompagne certaines définitions du dictionnaire est souvent entendu de façon péjorative), voire comme incorrect, sinon fautif. Il ne sied pas d'opposer ni de hiérarchiser ces deux grammaires. L'une s'impose lorsqu'il s'agit d'écrire, l'autre quand il s'agit de converser. Heureuse coexistence, sorte de bilinguisme qui enrichit les modes d'expression. On peut parler comme on écrit lorsqu'il s'agit de tenir une posture oratoire, et écrire comme on parle lorsqu'il s'agit de pratiques de communication quotidienne. On peut même aller jusqu'à jouer avec ses deux possibilités d'expression comme le font écrivains, romanciers et poètes. Céline qui commence et finit son roman, *Voyage au bout de la nuit*, en mélangeant français parlé et français écrit :

> Ça a débuté comme ça. Moi, j'avais jamais rien dit. Rien. C'est Arthur Ganate qui m'a fait parler. Arthur, un étudiant, un carabin lui aussi, un camarade. On se rencontre donc place Clichy. [...]
>
> Il appelait vers lui toutes les péniches du fleuve toutes, et la ville entière, et le ciel et la campagne, et nous, tout qu'il emmenait, la Seine aussi, tout, qu'on n'en parle plus.

Brassens qui, dans *La mauvaise réputation*, fait, comme à l'oral, des ellipses pour gagner un pied par rigueur rythmique :

> Quand *j'croise* un voleur malchanceux
> Poursuivi par un cul-terreux
> *J'lance* la patte et, pourquoi le taire ?
> Le cul-terreux se retrouve par terre

Saint Exupéry qui, dans *Le petit prince*, joue avec l'opposition passé composé / passé simple pour indiquer les moments où il est narrateur de son récit (« je me préparai »), à distance du lecteur, et personnage de son histoire (« J'ai ainsi vécu ») se confiant à celui-ci :

> *J'ai ainsi vécu* seul, sans personne avec qui parler véritablement, jusqu'à une panne dans le désert du Sahara, il y a six ans. Quelque chose s'était cassé dans mon moteur. Et comme je n'avais avec moi ni mécanicien, ni passagers,

25 Heureusement, maintenant, l'enseignement du français, langue maternelle, langue seconde ou langue étrangère, s'applique à distinguer des « registres » de langue sans les discriminer et en les rapportant à des situations de communication adéquates.

je me *préparai* à essayer de réussir, tout seul, une réparation difficile. C'était pour moi une question de vie ou de mort. J'avais à peine de l'eau à boire pour huit jours. Le premier soir je *me suis donc endormi* sur le sable à mille milles de toute terre habitée.

L'oral, c'est la bouche, la phonie, les vibrations de l'appareil articulatoire, le corps dans ses pulsions. L'écriture, c'est la main, la graphie le geste visuel, le corps dans sa pensée. On peut constater que les innovations technologiques, le numérique, la digitalisation et leurs appareils (ordinateurs, tablettes smartphones) font oublier la plume et le crayon, transformant le rapport du corps et de la main à la pensée. Il y a donc des codages nouveaux. Autant les rendre légitimes en cohabitation avec d'autres codages, d'autres façons de parler, d'autres façons d'écrire. Le danger, le déficit, n'est pas dans la coexistence des formes diverses. Il est dans la hiérarchisation des formes au point d'en effacer certaines au profit d'autres. Coexistence donc, mais en sachant rapporter chaque forme d'expression à la pertinence de la situation de communication. Un ami breton, d'un village du nord de la Bretagne, a connu l'ascension sociale de l'école républicaine, grâce à un instituteur qui a insisté auprès de ses parents pour qu'il poursuive ses études au-delà du Certificat d'études. Heureux instituteur, autre monsieur Germain, qui lui permit de faire une « prépa » au lycée Henri IV, puis d'intégrer l'École normale supérieure de Saint-Cloud et de passer l'agrégation d'espagnol. Un jour, il m'a dit : « Tu vois, comme le raconte Mona Ozouf dans son livre *La composition française*, j'ai vite compris que quand j'allais à l'école, je devais apprendre une autre langue que celle de la maison. J'ai ainsi navigué, durant toute ma scolarité entre deux langues et deux grammaires : celles de l'école et celles de la domesticité. Ma foi, elles ont bien cohabité. »

L'ORTHOGRAPHE
Une guerre picrocholine[26]

Guerre picrocholine, il y a, entre réformateurs d'une orthographe jugée incohérente et devant être simplifiée, et défenseurs d'une « esthétique de l'orthographe » qui exigent respect de la tradition. C'est, aux dires du linguiste grammairien Michel Arrivé, « un volcan sujet à des éruptions périodiques généralement violentes, séparées par des périodes plus ou moins longues de calme à peu près absolu (…)[27] »

UNE AFFAIRE DE GRAPHISTES

La question de l'orthographe a partie liée avec les grammaires de l'oral et de l'écrit que nous venons d'examiner. On ne refera pas l'histoire de l'orthographe française qui est fort complexe[28] en raison des nombreuses interventions de doctes et savants qui ont eu à chaque époque la volonté de rappeler, dans la forme des mots, leur origine étymologique. Comme on l'a vu précédemment, l'écriture, en ses débuts, a toujours été guidée par le souci de représenter sous forme graphique les sons de la chaîne parlée orale pour tenter d'uniformiser la chaîne écrite. Or, en français, l'écrit de la langue est loin d'être toujours le fidèle reflet de l'oral. À la différence d'autres langues romanes, lettres (ou graphèmes) et sons (ou phonèmes) ne se répondent pas de façon biunivoque. Un même phonème peut avoir différentes graphies : la voyelle [o] peut s'écrire *o, -eau, -ault, -aut, -aud, -eaud* ; la consonne [s] peut s'écrire avec un *t* (*émotion*), un *s* (*siffler*), deux *ss* (*ressasser*), un *c* (*cénacle*), *sc* (*susceptible*), un *ç* (*ça*). Inversement, un même graphème peut être prononcé différemment : la lettre *e* est prononcée [ø] dans *petit*, [ɛ] dans *bec*, [e] dans *princesse* et même [a] dans les terminaisons d'adverbes (*récemment, prudemment*) ; la lettre *c* se prononce

26 *Picrocholine*, dérivé de *Picrochole*, personnage de Rabelais au nom formé à partir du grec *pikros* (« piquant, amer »), et *kholê* (« bile »). Ne s'emploie guère que dans la locution « Guerre picrocholine », pour désigner une querelle, un conflit dont les causes paraissent obscures, dérisoires ou ridicules, CNRTL.

27 Michel Arrivé, « Les problèmes de l'orthographe française aujourd'hui », Tréma 6, 1994.

28 Pour cela, on pourra se reporter au bref résumé qu'en fait Michel Arrivé dans l'ouvrage cité. On trouvera également un résumé de cette histoire, dans le journal *Le Monde* du 16 septembre 2023, intitulé « L'orthographe, une bataille sans fin ».

[s] devant la voyelle *i* (*cinéma, cintre*), [k] ou [g] devant la voyelle *o* (*contrat, second*). À cela, il faut ajouter que beaucoup de mots français comportent des lettres dites muettes, comme les consonnes qui, pour des raisons étymologiques, apparaissent à l'écrit et ne sont pas prononcées à l'oral : le *p* de *sculpteur*, le *c* de *tabac*, le *b* de *plomb*, le *d* de *blond*, le *f* de *œufs*, le *g* de *poing*, le *t* de *concret*, le *z* de *nez*, et *x* comme marque du pluriel. On voit les difficultés auxquelles se sont heurtés graphistes et copistes lorsqu'il s'est agi de transcrire graphiquement des mots diversement prononcés à l'oral. Ils le firent, tantôt, avec le souci de représenter les sons de l'oral, tantôt avec celui de rappeler l'étymologie des mots.

INCOHÉRENCES OU DIVERSES LOGIQUES?

On comprend par là même la complexité de l'orthographe française qui fait souffrir les petits écoliers et écolières lors des dictées, et les étrangers qui peinent à apprendre et écrire le français. Allez leur expliquer que *prudemment* se prononce [prudaman] et s'écrit avec un *e*. On dénonce toujours les difficultés de l'orthographe française arguant que la graphie ne correspond pas à la phonie. On oublie que, de ce point de vue, l'anglais n'est pas en reste, la lettre *i* pouvant être prononcée, selon son le mot, [i] court (*bitter*), [i] long (*believe*), [ai] (*friday*), avec des exceptions selon l'environnement graphique.

S'agissant du français, il est vrai que les discordances sont nombreuses. Cela tient essentiellement au rappel de l'étymologie. Par exemple, la nasale [an] est transcrite, tantôt *en* (*prudent*), tantôt *an* (*prétendant*), parce que *prudent* provient du latin *prudens*, alors que *prétendant* provient du participe présent (*-ans*). Il en est ainsi de la série des mots qui se prononcent différemment sous leur forme adjectivale et adverbiale : *incessant/incessamment, fréquent/fréquemment, patient/patiemment.* Si le mot *femme* se prononce [a] et s'écrit *e*, c'est pour rappeler l'étymologie (*femina*) ; si le mot *monsieur* se prononce [meu] et s'écrit *mon*, c'est pour rappeler graphiquement l'origine du mot, composé de *mon* et *sieur*. C'est encore ce souci de l'étymologie qui, comme on l'a mentionné précédemment, rend présentes à l'écrit des graphies qui, par le fait de l'évolution phonétique, ne sont pas prononcées à l'oral : *doigt*, rappelant le *g* de *digitus* ; *drap*, rappelant le *p* de *drapus*, *plomb*, celui de *plumbum*. Dans la conjugaison, si on rajoute un *s* à la deuxième personne du présent de l'indicatif (*tu aimes, tu lis*), bien que non prononcé, c'est en raison de la forme latine écrite (*amas, legis*), qui, vraisemblablement, se faisait entendre à l'oral. Il ne s'agit donc pas d'incohérences.

Mais, parfois, incohérences il y a. On les connaît, elles ont été maintes fois dénoncées, et la linguiste Nina Catach en a dressé un inventaire[29]. Les unes par erreur étymologique, comme le mot *poids* dont la finale est justifiée par l'étymologie latine *pondus* alors qu'il est issu de *pensum*. D'autres, par manque d'uniformisation : la graphie *ch* est censée rappeler l'origine grecque des mots *choléra*, et pourtant on écrit *colère* ; et si *philosophe* est justifié par son étymologie, on se demande pourquoi *nénuphar* s'écrit avec *ph* ; de même, *charrette* et *charrue* proviennent du latin *carrus*, ce qui justifie le redoublement de la consonne *r*, et pourtant, de façon inexplicable, *chariot* ne comporte qu'un seul *r*.

Parfois, il ne s'agit pas d'erreur à proprement parler mais de discussion sur l'étymologie. Ainsi de *persiffler*, que l'Académie française recommande d'écrire avec deux *ff* considérant qu'il s'agit d'un dérivé de *siffler*, bien qu'un ouvrage, *Le Siècle du persiflage*[30], justifie un *f* simple au motif que le mot ferait référence à un dénommé *Persiflés*, héros d'une petite parodie du début du XVIIIe siècle, à partir de quoi aurait été formé *persiflage*, comme on dit *marivaudage*. L'étymologie a de ces tours... ! Dans d'autres cas, c'est la prononciation qui expliquerait les redoublements de consonne jouant sur la longueur phonétique : les mots *sonnerie* et *résonner* seraient affublés de deux *nn* parce que leur environnement vocalique rendrait la première syllabe plus ouverte, alors que l'environnement vocalique des mots *sonore* et *résonance* la fermerait, ce qui justifierait un seul *n*. Explication possible mais non avérée, et qui ne pourrait pas être valable pour la prononciation dans toutes les régions de France. De plus, celle-ci peut aussi changer au cours du temps, alors que la graphie est maintenue : *second* est issu du latin *secundus*, ce qui justifie la présence du *c*, mais il se trouve que la consonne [k] a fini par s'affaiblir en [g], par facilité articulatoire. Enfin, on ne peut oublier qu'il y eut une possible négligence ou inattention de la part des copistes dans leur travail de réécriture des textes, comme ce fut vraisemblablement le cas du pluriel *cheveux*, initialement attesté *cheveus*, le *s*, diversement dessiné, ayant été transcrit *x*, et s'étant étendu aux terminaisons en *-au* et *-ou* (*bijoux*). On pourrait aussi évoquer les

29 Nina Catach *Les délires de l'orthographe, en forme de dictionnaire*, Paris, Plon, 1989.
30 Bourguinat É, *Le Siècle du persiflage*, Paris, PUF, 1998.

problèmes relatifs à l'accentuation des mots, et à la formation des mots composés avec ou sans trait d'union.

À cela, il faut ajouter les problèmes concernant la syntaxe : les accords en genre et en nombre selon la nature des antécédents ; les formes verbales selon le jeu de concordance entre les temps, les aspects et les modes. Pourtant, il n'y a rien là d'incohérent, il suffit d'accepter la logique interne au système qui, il est vrai, n'est pas toujours comprise. Par exemple, la fameuse règle de l'accord en genre et en nombre du participe passé avec le complément d'objet direct (Cod) lorsque celui-ci est placé avant le verbe *avoir* : « Les filles que j'ai emmenées à l'école ». Que faut-il en dire ? Certains pensent que cet accord est absurde, que de toute façon cette règle n'est plus respectée dans le français parlé, que, même, des poètes et des écrivains ne la respectent pas toujours à l'écrit, et que le français étant la seule langue latine à faire cette opération, celle-ci devient illégitime. Deux affirmations inexactes. D'abord, parce que, pour ce qui est de l'oral, tout dépend de qui parle dans quelle situation ; quant à ce qui concerne les écrits, on aura observé que l'édition et les médias qui les diffusent respectent l'accord. Ensuite, il n'est pas vrai que le français soit la seule langue latine à faire cette opération ; comme on va le voir, l'espagnol s'y emploie. D'autres, au contraire, estiment que c'est là une marque propre au français, et que c'est un plaisir de lire dans un titre de journal : « Ces morts qui hantaient nos vies m'ont faite l'historienne que je suis » (Annette Wievorkia).

Certes, cet accord n'a pas toujours prévalu dans l'ancien français. Certes, il est le fait d'un poète, Clément Marot, qui au XVIe siècle, siècle de la Renaissance, sous l'impulsion de François Ier, a fixé cette règle ensuite confirmée par Vaugelas de l'Académie française et d'autres poètes comme Malherbe. Cette règle, au début signe de distinction, a mis plusieurs siècles à se généraliser via l'école, et donc à passer dans l'usage écrit puis dans l'usage oral contrôlé. Elle est devenue objet de polémique, et on la rend responsable du déficit orthographique des jeunes générations. Pourtant, si notre avis de linguiste peut être de quelque poids, on fera remarquer que les deux constructions (avec et sans accord) peuvent être considérées légitimes : « Les lettres que j'ai écrit » décrit un processus, l'action même d'écriture ; « Les lettres que j'ai écrites » décrit un résultat, les lettres ont bien été écrites. Il se trouve qu'en français on ne dispose que d'un seul verbe *avoir*, mais l'espagnol qui en possède deux (*haber* et *tener*) marque cette même différence : « Las cartas que he escrito » (processus) ; « Las cartas que tengo escritas » (résultat). On peut donc considérer que le verbe *avoir* peut exprimer deux nuances de sens, de même que le verbe *être*, unique en français, peut exprimer les deux nuances de sens qu'exprime l'espagnol à l'aide des verbes *ser* et *estar*.

L'ORTHOGRAPHE, UNE AFFAIRE DE SOCIÉTÉ

Alors, quoi en penser ? La question de l'orthographe est une question sociale importante. Elle dit quelque chose de celui ou celle qui écrit. Elle mérite d'être considérée sérieusement, car est en cause l'apprentissage du savoir écrire et l'image sociale de celui ou celle qui écrit.

Il faut d'abord reconnaître que le déficit orthographique est croissant. On le constate du primaire au secondaire, et jusques y compris dans le supérieur où il faut ouvrir des cours d'orthographe en première année de licence. On le retrouve dans la vie professionnelle, comme en témoigne ce jeune agent immobilier qui écrit dans un message : « Partez et nous vous verront avec votre mari pendant votre absence, sa sera plus simple » ; et cet autre : « (…) se qui fait un total de 650€. Me contacter si besoins ». Diverses enquêtes le confirment. Selon les données du ministère, seuls 55 % des collégiens ont une maîtrise satisfaisante de la langue. Et une étude diffusée en janvier 2023 révèle que « les élèves de CM2 font aujourd'hui deux fois plus de fautes que ceux de 1987 lors de la même dictée[31] », ce qui fit dire à l'ancien ministre de l'Éducation nationale, Pap Ndiaye, que « 27 % des élèves n'ont pas le niveau requis en français à leur entrée en 6e ». Par ailleurs, un sondage réalisé par l'IFOP pour le *Projet Voltaire* précise les choses. Il montre que, soumis à une dictée (« La dictée de l'IFOP »), à peine un sur deux Français (58 %) obtiennent la note de 12/20, et un sur cinq (19 %) seulement dépasse la note de 17/20. Décliné par tranche d'âge, le sondage établit que 41 % des 15-24 ans, 46 % des 25-34 ans, 56 % des 35-64 ans et 78 % des plus de 65 ans ont « au moins un niveau convenable en orthographe[32] ».

Ce sondage est intéressant à un autre égard. Il montre que les Français surévaluent leur compétence en orthographe. En effet, « une large majorité (85 %) estime avoir un bon (65 %), voire un très bon (20 %) niveau

---

31 Voir l'enquête publiée en décembre 2022, par la *Direction de l'évaluation, de la prospective et de la performance*.

32 Voir : https://www.merci-app.com/etude-orthographe-francais.

lorsqu'il s'agit d'éviter les pièges de la langue française », confiance partagée par toutes les tranches d'âge. Ce qui ne les empêche pas d'estimer (un sur quatre) que l'orthographe « a déjà été un handicap dans leur vie scolaire, professionnelle et même intime ». Et pourtant, ils se « déclarent massivement sensibles au bon respect de l'orthographe, aussi bien lorsqu'ils écrivent (93 %) que lorsqu'ils lisent (88 %). » Est-ce pour cette même raison qu'une majorité d'entre eux « considère que le niveau en orthographe baisse en France au fil des années », et que, d'une façon générale « la dégradation du français est une menace pesant sur la pratique de la langue » ? Bref, « 62 % des personnes interrogées estiment que la langue française est difficile », qu'une bonne orthographe est gage de réussite sociale, et que, pourtant, « 64 % s'opposent à ce qu'elle fasse l'objet de simplifications. »

DE LA POLÉMIQUE À LA CONTROVERSE

Essayons d'y voir clair, mais pour cela il faut deux conditions. L'une serait de ne pas idéologiser le débat, comme ce fut malheureusement le cas dans le passé, les réformateurs étant classés dans le camp des progressistes et les contempteurs dans celui des conservateurs, voire des réactionnaires. L'autre serait de se garder d'opposer linguistes et grammairiens, les premiers étant supposément laxistes et les seconds rigoureux. Les linguistes, certes décrivent les caractéristiques de la langue et le fonctionnement du langage sans apriori normatif, *ce qui se dit*, et non *ce qui doit se dire*. Cependant, c'est au nom même de cette rigueur descriptive qu'il leur revient également de montrer ce qui, au regard des lois de fonctionnement de la langue, est possible et ne l'est point.

On ne va pas se cacher que l'orthographe française est complexe. Nina Catach, l'une des experts du Conseil supérieur de la langue française, publia un petit ouvrage décrivant avec humour les difficultés de l'orthographe[33]. L'idée d'une réforme de l'orthographe était dans l'air du temps. C'est donc le 6 décembre 1990 que fut publié au Journal officiel le *Rapport du Conseil supérieur de la langue française sur les rectifications de l'orthographe*, élaboré, sous l'autorité du premier ministre d'alors, Michel Rocard, par un comité d'experts composé de linguistes, de responsables de dictionnaires, du chef-correcteur du journal *Le Monde* et d'un

33 Nina Catach, Les délires de l'orthographe en forme de dictioNaire, *op. cit.*

inspecteur général de Lettres. Le rapport déclencha une de ces guerres verbales dont la France est coutumière. S'y affrontèrent partisans et opposants d'une telle entreprise avec une réelle virulence. Mais parfois l'histoire se répète, et récemment un collectif de linguistes, enseignants, universitaires et personnalités de la culture, a publié une Tribune dans le journal *Le Monde*, intitulée « Il est urgent de mettre à jour notre orthographe[34] », en se référant à la circulaire de 1990.

Que dit ce texte ? Sans entrer dans le détail, il préconise un certain nombre de rectifications orthographiques, autour des cinq points qui furent désignés par le premier ministre :

1. l'usage des traits d'union, principalement dans les nombres composés de plusieurs éléments qui sont désormais tous liés par un trait d'union (*quatre-vingt-dix-huit, huit-cent-mille-deux-cent-vingt-trois*) ;
2. le pluriel des noms composés d'un verbe et d'un nom ou d'une préposition et un nom est marqué uniquement sur le second élément (*des abat-jours, des sèche-cheveux, des contre-allées*)
3. une uniformisation de l'usage de l'accent grave lors de l'inversion de l'ordre verbe-sujet (*aimè-je, puissè-je*), de l'accent circonflexe par sa suppression dans certaines séries (*abime comme estime, voute comme route, plait comme fait*), bien qu'il soit maintenu dans certaines conjugaisons (*qu'il suivît, nous suivîmes, qu'il eût voulu*) ;
4. les anomalies des séries étymologiques désaccordées, (*ciller* et *dessiller*) ;
5. l'orthographe des mots d'origine latine, à l'exclusion des mots d'origine grecque (*th-* ; *ph-*) en raison de leur usage courant dans le vocabulaire scientifique.

À l'époque, les opposants dénoncèrent un crime de lèse-majesté, et un combat autour de l'emploi ou la suppression de l'accent circonflexe fit les choux gras de la presse. On peut ne pas vouloir suivre toutes ces préconisations, mais il est vrai que bien de ces rectifications sont opportunes, particulièrement dans l'emploi des traits d'union, de certains accents et signes diacritiques (le tréma sur le *e* de *ambiguë* étant le plus incohérent), de redoublement ou simplification de consonnes, pour créer des séries homogènes.

34 *Le Monde* du 17 octobre 2023.

LES ARGUMENTS DES UNS, LES ARGUMENTS DES AUTRES

Examinons alors les positions des uns et des autres et leurs arguments, au lieu de les laisser en face à face sans discussion, pour les placer sur le terrain de la controverse et non de la polémique.

La Tribune ci-dessus mentionnée rappelle que « l'orthographe, née avec l'imprimerie, n'a cessé, au fil du temps, d'être retravaillée par les grammairiens, les imprimeurs, et par l'Académie française jusqu'à la fin du XIXe siècle ». Cela est vrai, mais qu'il y ait eu des refontes dans le passé n'est pas en soi un argument suffisant pour justifier que l'on procède à de nouvelles modifications, serait-ce au nom de la simplification de la langue. Il s'agit là de ce que l'on appelle dans l'argumentation juridique la *règle du précédent.* Se référer au passé est un argument à double tranchant, parce que les circonstances se reproduisent rarement à l'identique et les enjeux ne sont pas les mêmes. Il n'empêche : le « ça s'est fait dans le passé » peut servir de modèle ou de repoussoir. Les opposants ont alors beau jeu de dire que ce n'est rien d'autre que rajouter une réforme à une autre, et complexifier davantage la pratique de l'orthographe. Bon an mal an, ont été acquises des habitudes orthographiques, que celles-ci soient justifiées ou non ; les modifier risque d'encombrer la mémoire de formes anciennes et nouvelles, de faire se superposer des codes différents, et de provoquer une pratique instable de l'orthographe. À quoi les partisans rétorquent qu'une simplification et uniformisation ne peuvent que faciliter l'apprentissage et la pratique de l'orthographe.

Les opposants avancent souvent que vouloir réformer la langue, c'est « toucher à l'esthétique de l'orthographe ». Cet argument est trop subjectif pour être retenu. Qu'est-ce que la beauté d'une langue ? Et puis, est-ce la langue qui est belle en soi, ou est-ce la façon de la parler et de l'écrire ? Certains arguent que le mot *île*, avec accent circonflexe est plus beau que *ile* sans accent, d'autres qu'il prendrait froid sans chapeau. Allez savoir, mais l'argument est bien faible. En revanche, peut être pris en considération l'argument qui consiste à dire qu'à effacer les raisons qui ont conduit les scribes du passé à rappeler l'étymologie dans certaines formes des mots, c'est faire oublier l'histoire de la langue, et ce qui a présidé à l'élaboration de son écriture. En effet, il y eut entre le XVe et le XVIe siècle un mouvement de relatinisation du français qui s'est imposé, a perduré dans les siècles suivants et demeure dans l'orthographe d'aujourd'hui. L'orthographe française s'est ainsi fixée comme empreinte d'une excellence littéraire, disent les défenseurs de l'étymologie, et on ne voit pas pourquoi il faudrait effacer des siècles de son histoire. Cela fait dire à l'académicienne, Danièle Sallenave, que : « Simplifier l'orthographe, ou la rendre plus proche de la prononciation, c'est rendre inintelligibles les textes du passé. ». On pourrait rétorquer que de toute façon la langue contemporaine ne peut retenir tous les stades de son évolution. Cependant, ce que l'on peut appeler l'*argument de la tradition*, n'est pas exempt d'intérêt. Il est bon que la morphologie d'une langue soit porteuse des traces de son passé, et, dans le cadre d'un apprentissage, ce serait l'occasion d'en donner les raisons, d'expliquer l'étymologie et de faire prendre conscience de l'héritage des siècles passés dont nous sommes les porteurs. Est-ce être puristes que de vouloir retrouver dans sa langue des traces de son histoire ?

Les partisans de la réforme, de même que les auteurs de la Tribune, mettent en avant qu'« il y a un véritable besoin, à l'heure actuelle, de réforme de l'orthographe pour les élèves dont le niveau a considérablement baissé », comme le prouvent les enquêtes citées ci-dessus : « les élèves de CM2 font aujourd'hui deux fois plus de fautes que ceux de 1987 lors de la même dictée ». Ce qui laisse entendre qu'une telle réforme serait le meilleur moyen de rendre cette population plus égalitaire en la matière. La simplification de l'orthographe serait justifiée par la facilitation de son apprentissage. À cet argument s'opposent les tenants du *statu quo*, arguant que simplifier pour permettre à tout le monde d'écrire correctement, sans faute, ce serait procéder à un « nivellement généralisé vers le bas ». On ne peut cependant affirmer de façon péremptoire que permettre au plus grand nombre d'acquérir une orthographe correcte soit preuve de nivellement par le bas.

LES RAISONS POSSIBLES D'UNE RÉFORME

L'une des raisons pourrait être de continuer à s'inscrire dans la lignée des doctes, savants et réformateurs qui sont intervenus à différentes époques, comme on l'a vu précédemment. À chaque fois, s'impose le souci de rendre la langue plus cohérente, pour sa morphologie et sa syntaxe. À ce titre, la réforme s'inscrirait dans l'histoire comme l'un des nombreux états de rectification de la langue française. L'autre raison, peut-être plus justifiée, est celle qui vient d'être avancée concernant la facilitation de l'apprentissage de l'orthographe, afin d'améliorer sa pratique et d'augmenter la performance des élèves. C'est cette deuxième raison qu'il nous semble important de considérer.

La question qui se pose ici est de savoir si le déficit orthographique actuel est dû aux seules caractéristiques de l'orthographe française. La dictée qui a servi de comparaison pour évaluer la performance des élèves entre 1987 et 2021, et dont les résultats montrent que ces derniers font deux fois plus de fautes que leurs aînés, est à cet égard riche d'enseignements[35].

> Le soir tombait. Papa et maman, inquiets, se demandaient pourquoi leurs quatre garçons n'étaient pas rentrés. Les gamins se sont certainement perdus, dit maman. S'ils n'ont pas encore retrouvé leur chemin, nous les verrons arriver très fatigués à la maison. Pourquoi ne pas téléphoner à Martine ? Elle les a peut-être vus ! Aussitôt dit aussitôt fait ! À ce moment, le chien se mit à aboyer.

Comme on le voit, la dictée ne comporte aucun des pièges relevés dans le projet de rectification : pas de mots composés compliqués avec ou sans trait d'union (sauf *peut-être*) ; pas de mots à double consonne qui feraient difficulté ; pas d'adverbes en *-emment* prononcés [ament] ; un seul cas d'accent circonflexe (*aussitôt*), et seulement un cas d'accord de complément d'objet avec le verbe avoir. Les résultats montrent que les erreurs lexicales sont les moins fréquentes, et que articles et pronoms personnels sont correctement écrits. En revanche, la plupart des erreurs portent sur l'accord au pluriel des verbes et des adjectifs. Erreurs grammaticales qui font partie du fonctionnement syntaxique normal, et ne concernent pas les incohérences pointées par la réforme.

Cela permet de s'interroger sur les causes des déficits orthographiques. Sont-ils dus à la complexité de l'orthographe ? Peut-on établir un rapport de cause à effet, quasi inéluctable, entre la complexité de l'orthographe française et le niveau des élèves ? Dans le passé, des générations et générations d'écoliers et écolières de classe sociale différentes ont acquis, tant bien que mal, cette orthographe, toujours douloureusement avec la peur de la faute. Est-ce à dire que, si les enfants de notre XXIe siècle ne peuvent plus l'acquérir correctement, ce serait parce qu'ils ne sont plus assez intelligents ni opiniâtres, parce qu'ils auraient moins de capacités

35 Voir : Direction de l'évaluation, de la prospective et de la performance. Note d'information n° 22.37, Décembre 2022.

intellectuelles que les générations antérieures ? Il faudrait le prouver et ce serait inquiétant. On peut se demander en revanche si ce déficit orthographique ne serait pas plutôt dû au système d'apprentissage, aux conditions de la vie scolaire, à l'origine sociale des élèves et à leurs modes de vie. Les résultats de la dictée font apparaître que « les performances en orthographe sont liées au niveau global en maîtrise de la langue », que « les élèves dits "en retard" sont en plus grande difficulté », et que « les différences de résultats à la dictée, sont toujours marquées par l'origine sociale des élèves[36] ». Il semble d'ailleurs que les fautes que l'on peut relever ici et là ne portent pas sur lesdites incohérences, mais plutôt sur une tendance à la « phonétisation » de la morphologie : *cose* au lieu de *cause*, *sa* au lieu de *ça*, *fesait* au lieu de *faisait*, *vrement* au lieu de *vraiment*, comme en témoigne cet extrait d'un message circulant dans les réseaux sociaux : « En décembre déficit de la France était de 3 milliards et en janvier il était de 7 milliards *expliquer moi* Monsieur Macron comment se fait-il que le déficit *à exploser* alors que vous étiez ministre de l'économie. Il y a du *lacessim* avéré de nos politiques qui mettent la France en faillite. » Cela paraît difficile de faire de la complexité de l'orthographe la seule cause du déficit. C'est comme si on déclarait que le mauvais classement des élèves en mathématique (la France est en bas de l'échelle des pays européens)[37] était dû à la complexité des mathématiques. En tout état de cause, la réponse n'est pas simple, car, comme toujours, les processus d'apprentissage dépendent de facteurs multiples : facteurs psychologiques et facteurs sociaux, les seconds influant sur les premiers et réciproquement, en raison des histoires familiales, des conditions de vie et de l'organisation des institutions. Peut-être faudrait-il porter davantage notre attention sur ces facteurs que sur les difficultés de l'orthographe qui ne datent pas d'aujourd'hui.

Un accord est-il possible entre tenants et opposants à une réforme ? Il semble en effet que l'on pourrait tenir compte des rectifications qui sont proposées par la circulaire de 1990, sans que cela provoque une tempête, car elles portent sur les cas les plus incohérents de l'orthographe : une uniformisation des mots composés quant à la présence/absence de trait d'union ; quelques cas de doublement ou simplification de consonnes dans une même famille de mots ; une règle générale pour le pluriel

36 *Ibid.*
37 Voir les enquêtes TIMSS de 2023 en CM1 et 4e, https://www.education.gouv.fr.

des mots composés. Quant à l'accord du participe passé avec le verbe *avoir*, lorsque le Cod est placé devant, on a vu que deux constructions étaient possibles[38] ; il suffit de les enseigner en en expliquant les différences de sens. D'ailleurs, plus généralement, on devrait se donner pour règle d'enseigner les variétés orthographiques du français. C'est ce que l'enquête du réseau *Canopé*[39] a mis en évidence à propos des pratiques électroniques des jeunes : faire coexister des formes au lieu de les exclure, en expliquant, pour chaque cas, comment s'opèrent les transformations et quelle est leur signification. Seules les bonnes conditions d'apprentissage peuvent contrecarrer les déterminations sociales.

L'ORTHOGRAPHE, LE PLAISIR DU JEU

Acceptons qu'il existera toujours des difficultés. On ne peut changer toute la morphologie et la syntaxe du français. Il serait dommage de perdre les différentes formes du passé simple et des subjonctifs imparfaits, malgré leur disparition à l'oral, bien qu'elles se maintiennent en situation oratoire. Tant pis pour la règle du : « bijoux, cailloux, choux, genoux, hiboux, joujoux, poux », qui résulte d'une erreur de copistes, et qui a été l'objet de comptines amusées. La graphie du français s'est stabilisée tardivement par rapport aux autres langues romanes qui de plus satisfont davantage à la correspondance entre le code phonique et le code graphique. C'est ainsi, et ce n'est pas être fataliste que de le reconnaître.

On peut alors se demander si on n'aurait pas intérêt à sortir de cette guerre picrocholine entre puristes et réformateurs, et présenter l'orthographe comme un plaisir, lui enlever son côté anxiogène. Nous faisons tous des fautes d'orthographe ; même ceux et celles qui ont été les premiers de la classe. Qui n'a pas d'hésitation au moment de redoubler une consonne ? Qui n'a pas de doute lorsqu'il faut accorder un participe passé ? Qui ne se trompe jamais sur la place d'un tréma ou d'un accent ? Même nos grands écrivains n'y échappent pas : un mauvais accord de l'adjectif chez Balzac, du participe passé chez Rimbaud ; un mauvais emploi du subjonctif chez Flaubert ; des impropriétés chez Stendhal[40].

38 Elles ont d'ailleurs été tolérées par « l'Arrêté Haby » de 9 février 1977.

39 https://www.reseau-canope.fr/agence-des-usages/numerique-et-orthographe-une-nouvelle-enquete-22.html.

40 Voir à ce propos Boquel A. et Kern E., *Les plus jolies fautes de français de nos grands écrivains*, Paris, Petite Biblio Payot, 2017.

Alors, pourquoi ne pas accepter cet affrontement avec l'orthographe, et le prendre comme un jeu de piste où l'on va à la recherche de sa logique et de ses bizarreries ? Comme plaisir de déjouer ses pièges, à l'égal du scrabble, et la joie de montrer au correcteur automatique d'orthographe qu'il se trompe ? Pourquoi ne pas laisser à nos chères têtes de toutes les couleurs la joie de découvrir le hasard des « bijoux, choux, cailloux », les apparentes incohérences des *récent* et *récemment*, la possibilité de jouer avec les deux constructions de l'accord du verbe *avoir* ? Pourquoi ne pas faire comprendre les subtilités de l'accord au pluriel ? Ma petite fille m'a un jour demandé « Pourquoi il faut mettre un *s* à "on s'est vus", alors que le verbe reste au singulier ? » ; accord de forme ou accord de sens ? Pourquoi ne pas montrer l'intérêt de l'opposition entre passé simple et passé composé lorsque l'on raconte une histoire, celui de l'élégance du subjonctif imparfait dans des textes à effet littéraire ? Tout cela fait partie de la langue française avec ses imperfections. On le sait, enseigner c'est expliquer. Et l'orthographe française est une merveilleuse machine à *pouvoir et savoir expliquer* : expliquer les raisons étymologiques, expliquer pourquoi les copistes se sont trompés, expliquer qu'il y a une logique à faire des accords, et que dans toutes ces combinaisons il y a toujours un enjeu de sens. Serait-ce pénaliser les enfants des classes défavorisées que de jouer à expliquer ?

On tombe toujours dans quelque piège que les divers concours d'orthographe ont plaisir à multiplier. S'affronter à l'orthographe du français est un défi à mener de façon ludique. S'affronter à l'écriture est un combat, comme le peintre face à sa toile, le musicien face à ses partitions. L'orthographe, c'est l'oral qui passe à l'écrit, la phonie qui trouve écho dans la graphie, les sons qui sont transcrits par des lettres. En apprécier la complexité, fait partie du jeu social. Partisans ou opposants à une réforme de l'orthographe, réfléchissons à tous ses tenants et aboutissants, à ce qui peut être amélioré et maintenu en l'état, mais avec raison au lieu de partir comme Don Quichotte, lance en avant, pointée contre les moulins de l'écriture.

LE FRANÇAIS MULTICOLORE
Dispersion, réfraction, réflexion,

> Aucune langue ne saurait être promue aux dépens d'une autre, du moment que cette autre est parlée par un peuple
> Édouard GLISSANT

Y a-t-il un français standard ? Non. Il n'y a que des variétés du français. Mais alors, il n'y aurait pas de langue commune ? On vient de voir que la langue française s'est construite et développée au fur et à mesure de l'évolution de la vie sociale et politique ; que les grammaires successives qui ont tenté de la normaliser, voire d'en codifier les usages, se sont inscrites dans les époques et les institutions de leur siècle, afin de fournir à la société un modèle d'apprentissage du « bien parler[41] ». On vient de voir également que le français, loin de présenter un visage homogène, se fragmente du fait de la différence entre son usage écrit et son usage oral, donnant lieu à deux types de grammaire. Il y aurait donc coexistence d'une pluralité de langues françaises.

On va voir cependant qu'il est encore d'autres usages qui diversifient davantage le français. Car, tel un rayon lumineux se diffusant sur une surface aqueuse, la langue française *se disperse* dans le monde au gré des migrations, *se réfracte* en franchissant d'autres territoires, et *se réfléchit* en retour. En se dispersant elle se met en contact avec d'autres populations, en se réfractant elle se transforme et se réadapte, en se réfléchissant elle s'enrichit de mille variétés. Variétés diverses selon les situations de communication, les appartenances sociales, les cultures, et la nature des territoires, qui se superposent comme des couches géologiques.

41 À ce propos, on pourra lire : Hagège C., *Le Français histoire d'un combat*, Livre de Poche, 1998 ; et Bellon A., « La langue de la République est le français », in *Les langues sous contrôle ?*, revue *Cités* n° 86, 2021.

LA LANGUE ET SES CONTACTS

Une langue ne vit que lorsqu'on la parle et l'écrit, dans différentes situations, à différentes fins, en relation avec les autres. C'est par la pratique de ces usages que se constituent les communautés linguistiques au gré des contacts et des échanges que les individus établissent entre eux. Ces contacts et échanges varient en fonction du mouvement des populations, de leur tendance à se fixer dans un lieu ou à se déplacer. Il se produit alors des rencontres qui produisent des effets divers. La sociologie des mouvements sociaux a bien montré que lorsque des groupes se rencontrent, chacun pouvant percevoir l'autre comme une menace, il s'instaure entre eux un jeu d'influence réciproque, selon un double mouvement, de *repli sur soi* (force centripète), lorsqu'il s'agit de défendre son identité, d'*ouverture vers les autres* (force centrifuge), soit pour les dominer, soit pour les intégrer, ou pour s'y mêler.

Le langage suit ces mouvements selon deux forces que les dialectologues nomment, pour expliquer le phénomène de constitution des langues, la « force de clocher » et la « force d'intercourse ». La première correspond à une attitude d'enfermement sur soi et de défense de son parler, lorsque le groupe se sent menacé par la présence d'un autre groupe ; il cherche à préserver l'authenticité de sa langue, comme un besoin d'affirmer une identité commune. Ainsi se construisent les régionalismes, les communautarismes et autres groupements linguistiques. La seconde force correspond à une attitude d'ouverture vers la langue de l'autre, soit en la pénétrant, soit en l'adoptant à travers des emprunts. Dans tous les cas, le contact avec l'autre se réalise toujours dans des rapports de force qui établissent, soit un rapport de *domination*, lorsque, un groupe se sentant supérieur à l'autre, il lui impose sa langue, soit une situation de *mixité*, lorsque, en raison de la coexistence des groupes, de l'étroitesse de leurs relations, s'opèrent de multiples croisements (mariages, associations, cohabitations), engendrant des situations linguistiques de plurilinguisme, bilinguisme, diglossie, créolisation.

Dans tous les cas se produisent des changements, des modifications et des variations dans les langues. Ces changements ne sont jamais le fait de la volonté de quelques-uns. Ils résultent des échanges spontanés lors des contacts. Certaines innovations ne perdurent pas, d'autres deviennent des normes et parfois s'intègrent dans le système. « Les sujets parlants, en prenant la parole, écrit le philosophe Paul Ricœur, sont les opérateurs de systèmes de signes qu'aucun d'entre eux, pris individuellement, n'a constitué. Nous habitons la langue, selon un ou plusieurs des trois systèmes fondamentaux qui la constituent – système phonologique, système lexical ou système syntaxique – et ce, avant de la pratiquer[42]. »

LES VARIÉTÉS LINGUISTIQUES

L'usage, rien que l'usage, pourrait-on dire. Les langues se constituent à partir de l'usage, c'est-à-dire du moment où les individus parlent ou écrivent pour tenter d'exprimer au mieux leur pensée et se faire comprendre par les autres. Ces moments s'inscrivent toujours dans une situation d'échange particulière, et ce sont les conditions de la situation qui déterminent les manières de parler et d'écrire, le sens des mots employés et l'interprétation qui peut en être donnée par les interlocuteurs ou les lecteurs. Ainsi se créent des variétés d'usage. Celles-ci dépendent de : *qui parle à qui*, selon le milieu d'appartenance des participants qui échangent (famille, amis, profession) ; du type de *relation* qui s'instaure entre eux, selon leur statut et leur positionnement social (de supériorité, d'infériorité, d'égalité, de partenariat) ; du *dispositif* de l'échange, selon les caractéristiques des circonstances matérielles dans lesquelles il se déroule, oral ou écrit, monologal ou dialogal, échange en présence ou à distance, en directe ou par médiation. Cet ensemble de facteurs interviennent dans les différents domaines de pratique sociale dans lesquels se réalise la communication (politique, administratif, commercial, éducatif, scientifique, juridique, journalistique, médical, sportif, entrepreneurial, etc.). On ne s'exprime pas de la même façon selon que l'on s'adresse à un membre de la famille, à un ami, à un supérieur ou inférieur dans le cadre professionnel ; on n'emploie pas les mêmes expressions dans le milieu potache du lycée, étudiant de l'université, populaire des cafés et bistrots, parisiens ou provinciaux ; on ne donne pas le même sens aux mots, selon que l'on parle comme un politique, un médecin, un professeur ou un magistrat ; on n'écrit pas de la même manière selon que l'on s'adresse par lettre à un familier ou à l'administration, selon que l'on rédige un programme électoral, une tribune dans un journal, un rapport de police, un résultat d'enquête ou un essai critique. Autant

42 Ricœur P., « Préface » in Decrosse A., *L'esprit de société*, Bruxelles, Mardaga, 1993, p. 6.

de conditions de communication qui expliquent que l'usage, loin d'être unique et homogène, se diversifie en de multiples variétés que l'on peut regrouper en trois catégories : les variétés *communicationnelles* dues aux circonstances matérielles de la situation d'échange ; les variétés *sociales* dues à l'appartenance identitaire des individus selon leurs domaines de pratique ; les variétés *socio-culturelles* dues à leur appartenance régionale ou nationale.

LES VARIÉTÉS COMMUNICATIONNELLES

Les linguistes disposent de deux termes pour désigner ces variétés : « diamésiques » et « diaphasiques ». Les premières concernent les variations dues au choix du canal de communication oral ou écrit qui nous renvoie aux distinctions que nous avons écrites précédemment, et qui font partie de la différence entre grammaire de l'oral et grammaire de l'écrit : les différentes façons d'exprimer la négation et l'interrogation, de construire l'ordre des mots, d'employer les pronoms, les prépositions, les articles, les temps des verbes, etc.

Les secondes, les diaphasiques, qui se superposent aux précédentes, concernent davantage les manières de parler selon les circonstances matérielles de la situation et la façon dont les locuteurs les contrôlent. Le linguiste américain, William Labov, fondateur de la sociolinguistique, les appelle des *variations stylistiques*. Selon l'attitude que choisit, spontanément ou volontairement, le locuteur vis-à-vis de son interlocuteur (ou public), il est conduit à employer ce que l'on nomme un « registre » particulier de langue, diversement nommé : *courant, standard, formel, informel, familier, vulgaire* ; *soutenu, châtié, élégant* ; *littéraire, technique*. Les jugements du genre : « C'est grossier », « C'est populaire », « Ça manque d'élégance », qui sont émis à l'occasion de ces façons de parler, sont déplacés dès lors qu'ils ne tiennent pas compte des situations d'emploi. Ils révèlent un esprit normatif, donneur de leçon, qui ignore que tout acte de langage se produit dans une certaine situation de communication qui a ses propres contraintes, et que, lors d'échanges spontanés, il dépend de divers mouvements émotionnels.

Ainsi, du point de vue des circonstances matérielles de la communication, les manières de parler et d'écrire sont soumises à l'influence de divers facteurs qui s'entrecroisent, selon qu'elles se réalisent par le canal de communication oral ou écrit, en présence d'un interlocuteur ou d'un public : *monologal* et *oral* (conférence, déclaration publique, exposé, etc.), *monologal* et *écrit* (presse écrite, publicité, article scientifique, rapport administratif, etc.) ; *dialogal* et *oral* (conversation, discussion, débat, interview, entretien, etc.), *dialogal* et *écrit* (Sms, chats, courrier électronique, forum internet, blog, etc.).

LES VARIÉTÉS SOCIALES

Les manières de parler dépendent aussi du groupe social auquel appartiennent les locuteurs. Les linguistes emploient le terme « diastratique » pour désigner cette variation dite « sociolectale ». Les sociolectes sont des façons de manier le langage caractéristiques de certains groupes sociaux : le langage potache des écoliers, le langage carabin des étudiants en médecine, le langage branché d'une génération, le langage propre à une profession, le langage technique attaché à un domaine d'activité spécialisé. À cette diversité s'ajoute le langage de divers milieux sociaux : populaire, rural, urbain, bourgeois, etc. Ainsi en est-il des divers jargons plus ou moins techniques, et des argots propres à certaines de ces catégories sociales. J'ai décrit, dans ma *Grammaire du sens et de l'expression*[43], les caractéristiques de quelques-uns de ces langages et les procédés linguistiques qui président à leur construction, particulièrement en ce qui concerne l'argot, dont certains mots se popularisent et passent dans le langage courant. J'en rapporte ici quelques exemples. Procédés de transformation de la forme des mots : « troncation » de la finale des mots (*sympa, impec*), ou de l'initiale (*troquet, ricain*) ; « suffixation » avec les suffixes *-oche* (*fastoche*), *-uche* (*nunuche*), *-aille* (*poiscaille*), *-ingue* (*sourdingue*). Procédés de changement du sens des mots : par « synesthésie » (le cœur qui bat > le *battant* ; l'avocat qui bavarde > le *baveu*x ; le postérieur qui valse > le *valseur*) ; par « métaphore » (la mitraillette > l'*arroseuse* ; les jambes > les *quilles* ; la tête > la *fraise*, la *poire*, le *citron*, la *cafetière*). Certains procédés consistent en de véritables codages plus ou moins ésotériques, qui constituent des langages parallèles, comme on les trouve dans certains milieux marginaux ou corporations professionnelles : le *loucherbem* (argot des bouchers), le *verlan* (langage ancien, repris par les adolescents des années 1980), ou le *javanais* (langage des voyous et bandits dans les années 1860). On peut y ajouter les acronymes et

43 Grammaire du sens et de l'expression, *op. cit.*, chap. « Construire ».

Sms du langage des jeunes générations d'Internet : *mdr* (mort de rire), *koi29* (quoi de neuf ?), *askip* (à ce qu'il paraît), *jsp* (je sais pas), *oklm* (on se calme), avec parfois des emprunts, à l'arabe *wsh* (Wesh), à l'anglais *yolo* (« You only live once »), souvent popularisés par les rappeurs. Ce sont autant de créations locales qui jouent avec la langue commune sans en affecter la structure.

Ces façons de parler, qu'on les appelle langues (la langue des techniciens), langages (le langage des jeunes) ou jargons (le jargon administratif), remplissent une fonction cryptique identitaire en jouant un double rôle social : de différenciation vis-à-vis des autres groupes (« Pour que les autres ne nous comprennent pas ») ; de reconnaissance et de complicité entre les membres du même groupe (« Nous sommes notre façon de parler »). Parfois ces argots, jargons, expressions populaires et autres langages branchés sont frappés d'ostracisme au regard d'une représentation idéalisée de ce que serait « le beau langage ». Ils sont pourtant aussi légitimes les uns que les autres, soit pour des raisons techniques, lorsqu'une activité professionnelle ou scientifique l'exige, soit pour des raisons de connivence identitaire, lorsqu'il s'agit de marquer ou revendiquer son appartenance à une groupe particulier. Ils sont d'autant plus légitimes que certains de leurs emplois circulent d'un groupe à l'autre, se popularisent et deviennent langue commune. C'est ce qui permet à tout un chacun de se les approprier et de les employer à des fins ludiques pour produire des effets de complicité, ou de provocation amusée, comme ces jeunes qui font circuler dans les réseaux TikTok l'expression *fraise, framboise, myrtille*, comme qualificatif superlatif : « Il/elle est "fraise, framboise, myrtille" ». Ce goût pour les expressions à la mode, dans un certain milieu, ne sont rien de moins que ce que Roland Barthes nomme un *mot-mana* : « un mot dont la signification ardente, multiforme, insaisissable et comme sacrée, donne l'illusion que par ce mot on peut répondre à tout[44] ». Qui résiste au mot-mana ? L'aptitude du sujet parlant à jouer de ces différents registres n'est que source de richesse qu'il conviendrait d'enseigner à l'école.

---

44 *Roland Barthes par roland barthes*, Paris, Seuil, Écrivains de toujours, 1975, p. 133.

LES VARIÉTÉS SOCIO-CULTURELLES RÉGIONALES

Ces variétés sont nommées « diatopiques » par les dialectologues, et se croisent souvent avec les variétés d'appartenance sociale. Elles concernent les façons de parler une même langue dans différents lieux (*topiques*), différentes régions (*régiolectes*) ou différents pays (*géolectes*). La variation peut affecter aussi bien la prononciation (phonétique et prosodie), la forme des mots (morphologie), leur règle de combinaison (la syntaxe) et leur sens (sémantique). Il existe de nombreuses études qui portent sur ces variations, réalisées d'abord par des dialectologues puis par des sociolinguistes. Je me contenterai de donner ici quelque aperçu de ces travaux.

Dans un même territoire national dont la Constitution impose une langue officielle, peuvent coexister des *variétés* propres à des régions qui ont une longue histoire politique, culturelle et linguistique antérieure à l'instauration de la langue nationale. Ainsi de la France, avec le français « langue de la République », et les langues de ses régions : la Bretagne (le breton), l'Alsace (l'alsacien), la Picardie (le picard), la Touraine (le tourangeau) ; les régions du Sud-est (le languedocien, le provençal, le catalan), et du Sud-Ouest (le gascon, le béarnais, le basque). La linguiste, Henriette Walter, a dressé une carte de France des dénominations de certaines activités de la vie quotidienne, particulièrement culinaires, montrant que dans le Midi de la France, on « déjeune » le matin, on « dîne » à midi et on « soupe » le soir, alors qu'au nord de la Loire, c'est le « petit-déjeuner » que l'on prend le matin, le « déjeuner » qui interrompt la journée de travail, et le « dîner » qui clôt la journée[45]. Mathieu Avanzi montre avec sa cartographie des régions de France que le « sac » des parisiens se dit « pochon » chez les Bretons, « sachet » chez les Lorrains et « poche » chez le Bordelais[46]. Et le terminologue, Loïc Depecker a inventorié *Les mots des régions de France*[47]. À quoi il faut ajouter de nombreuses enquêtes menées par des équipes de sociolinguistes qui ont décrit les particularités des parlers régionaux.

Lorsque la variété porte sur la prononciation, on la nomme couramment : « l'accent ». L'accent qui est tantôt objet de mépris, tantôt

45 Walter H., *Le français dans tous les sens. Grandes et petites histoires de notre langue*, Paris, Laffont, 1988, p. 67.

46 Avanzi M. et Vincenti A., Comme on dit chez nous. Le grand livre du français de nos régions, Le Robert, 2023.

47 Depecker L., *Les mots des régions de France*, Paris, Belin, 1993.

de célébration. L'accent des gens du Midi, si « chatoyant » disent les uns, « pas sérieux » pensent d'autres ; l'accent des parisiens, que les Méridionaux nomment « pointu », et qui est qualifié tantôt de « gouailleur », tantôt d'arrogant. Ces accents, on les repère par exemple dans la façon de prononcer le mot « lait », avec une voyelle ouverte dans le midi (ε), et fermée dans le parler parisien [e]. Ou dans la prononciation du phonème [o], dans l'énoncé « la ville rose », que l'on entend ouvert chez un Toulousain et fermé chez un Parisien. Ou encore la réalisation du phonème [r] qui est « roulé » dans certains coins du Béarn, de la Bourgogne et de la Bretagne. L'accent est une des premières marques identitaires de la région.

> À y réfléchir, écrit Roland Barthes, il me semble que l'unité de ce grand Sud-Ouest, c'est pour moi la langue : non pas le dialecte (car je ne connais aucune langue d'oc) ; mais l'accent, parce que, sans doute, l'accent du Sud-Ouest a formé les modèles d'intonation qui ont marqué ma première enfance. Cet accent gascon (au sens large) se distingue pour moi de l'autre accent méridional, celui du Midi méditerranéen ; celui-là, dans la France d'aujourd'hui, a quelque chose de triomphant : tout un folklore cinématographique (Raimu, Fernandel), publicitaire (huiles, citrons) et touristique le soutient ; l'accent du Sud-Ouest (peut-être plus lourd, moins chantant) n'a pas ces lettres de modernité ; il n'a, pour s'illustrer, que les interviews des rugbymen. Moi-même, je n'ai pas d'accent ; de mon enfance, il me reste cependant un « méridionalisme » : je dis « socializme », et non « socialissme » (qui sait, cela fait peut-être deux socialismes ?)[48]

Les accents du Midi et du Sud-Ouest ne sont pas les seuls à être diversement jugés. Il y a aussi l'accent breton, l'accent alsacien et l'accent ch'ti qui a été popularisé par le film, *Bienvenue chez les ch'ti*, réalisé par Dany Boone, comme autrefois l'accent du Midi fut popularisé par les adaptations filmiques des romans de Pagnol portées par des acteurs comme Raimu et Fernandel. L'accent se combine avec certaines manières de s'exprimer, l'emploi de certains mots et surtout d'expressions typiques : « *La petite ? Allez, vaï, vous galéjez !* » entend-on dans le film *Marius*, adapté du roman de Marcel Pagnol. Une étude sur le français parlé parisien[49] rapporte les propos d'une habitante du 11e arrondissement de Paris qui « évoque ses

48 Roland Barthes, *Incidents*, Paris, Seuil, 1987, p. 14-15.

49 Weber C., "Grammaire de l'écrit grammaire de l'oral, quelles contextualisations ? », in Santos A. C. &. Weber C. (dir.). *Enseigner la grammaire : description, discours et pratiques*, Ed. Le manuscrit, p. 199-220, 2018.

souvenirs de l'opposition est/ouest à Paris, entre les *bobos et les bourgeois*, opposition qui renvoie selon elle à un "style" parlé relâché, opposé au style "tendu" des habitants de l'ouest de Paris. » Elle y repère l'emploi de *ça* et *quoi*, dans l'affirmation (« C'est ça, quoi ») et l'interrogation (« c'est quoi, ça ? »), de *ben* et *ouais* (« ben ouais, je le savais »).

La notion de territoire est elle-même variable. Il y a, par exemple, dans les grandes agglomérations ce que l'on appelle pudiquement les zones périphériques, les banlieues, où cohabitent diverses générations, diverses origines ethniques et coutumes religieuses (lieux d'immigration). Le linguiste, Jean-Pierre Goudailler[50], a décrit ce langage dont les procédés reprennent ceux de l'argot traditionnel : la *troncation* des mots (« c'est dégeu » pour « dégueulasse », « zizic » pour « musique ») ; le *verlan* (« meuf » pour « femme », « keum » pour « mec »), popularisé par le « laisse béton » d'une chanson de Renaud ; les opérations sur le sens par *métaphorisation*, comme « airbags » pour « seins » ou « cagoule » pour « préservatif ».

LES SITUATIONS DE DIGLOSSIE

Les mouvements de colonisation, avec implantation d'une population dominatrice sur un territoire autre, engendrent des confrontations et des mélanges entre la population qui s'implante et les populations autochtones. Il s'ensuit un contact des langues qui créent des formes linguistique hybrides, lesquelles finissent, selon le degré d'intégration, par se stabiliser et construire un système linguistique en soi. Ainsi en est-il, avec des configurations différentes, de ce que les sociolinguistes nomment, selon leur théorisation : « sabirs », « créoles », « pidgins », « lingua franca », « langues véhiculaires » ou « diglossie[51] ». D'une manière générale, une situation de *diglossie* se produit lorsque deux variétés sont en usage chez un même groupe de parlants. Cette situation linguistique a longtemps été reléguée au rang de « patois » ou de « dialecte », connotés péjorativement par les intellectuels et la bourgeoisie instruite qui parlaient le français de l'école, et désignaient ainsi le parler rural des paysans, des commerçants et artisans des villages[52].

---

50 Goudailler J.-P., *Comment tu Tchatches*, Amyris, 1998.

51 Voir : Chaudenson R., *Les créoles*, Paris, PUF, « Que sais-je ? », 1995.

52 Voir : Boyer H., *Introduction à la sociolinguistique*, Paris, Dunod, 2001, p. 47-60. Voir également, *Pour un traitement interdisciplinaire des représentations et idéologies sociolinguistiques*. L'Harmattan, 2024.

Un cas particulier de cette diglossie est ce que le sociolinguiste, Henri Boyer nomme le « francitan », un « interlecte » défini comme « une interlangue historique qui s'est développée et fixée sur la longue durée (plusieurs siècles) mais qui n'a pas acquis la systématicité et l'autonomie que confère la créolisation[53] ». Le francitan se caractérise par l'emploi de mots particuliers qui circulent dans le domaine commercial, publicitaire et politique de la région occitane : *escamper* (jeter), *péguer* (coller), *quicher* (presser) ; à Albi, p*outouner* (se retrouver) ; à Cordes sur Ciel, *espanté* (étonné) ; dans le Sidobre, *escargoter* (prendre du temps) ; au Pays de Cocagne, *fousiquer* (fureter). Parfois, il se caractérise aussi par des constructions phrastiques qui se démarquent de l'ordre du français standard : « Donne-moi le », « J'ai le petit de malade », « Il te regarde à toi », « Lui, il se gagne la vie[54] ». Cette situation de diglossie régionale est toujours objet de tensions et d'enjeux politiques. D'après une enquête de Boyer, les régionaux avaient le sentiment que dans les années 70 la référence à l'Occitanie, avec l'emploi emblématique de la syllabe « Oc », était plus répandue que maintenant, au XXIe siècle. Boyer précise cependant que : « Pour être quantitativement marginal, ce phénomène n'est pas moins qualitativement important : outre la célébration identitaire qu'il véhicule, il s'inscrit idéologiquement dans un vaste mouvement de considération pour les origines, l'authenticité et une modernité éco-responsable[55] ».

Autre forme de diglossie : le « créole ». Une hybridation qui résulte de la cohabitation entre une population de migrants venus coloniser un territoire, et les autochtones qui y vivent avec leur langue et leurs coutumes. Du fait de contacts entre ces populations, et parfois d'une certaine mixité, les autochtones créent une langue qui intègre dans la leur des éléments de la langue du colonisateur, transformant la morphologie des mots (*Bonswé* pour « bonsoir » ; *Mési anchay* pour « merci beaucoup » ; *Sa ka roulé ?* pour « ça va bien ? »), et qui finit par s'instaurer en système linguistique autonome[56] pouvant fonctionner parallèlement à la langue du colonisateur.

53 *Ibid.*, p. 68.

54 Garabato C. et Boyer H., *Le marché et la langue occitane au vingt-et-unième siècle. Microactes glottopolitiques contre substitution*, Lambert-Lucas, 2020, p. 44.

55 *Ibid.*, p. 105.

56 Voir : Chaudenson R., *Les créoles*, *op. cit.*

La créolisation est un phénomène complexe qui a donné lieu à un grand nombre de langues, issues, entre autres, des colonisations anglaise, portugaise, espagnole et française. Leurs statuts diffèrent selon les zones géographiques et les rapports de force qui se jouent entre les Assemblées locales et les États dont elles dépendent. Par exemple, pour ce qui concerne la Martinique, son Assemblée a déclaré le 25 mai 2023, le *kreyol* (« créole ») langue officielle de la Martinique au côté du français ; acte de reconnaissance de cette langue comme langue maternelle qui pourrait être enseignée à l'école, en parallèle avec la langue française. Cette décision a été contestée par le préfet et il est possible que l'intervention du juge administratif l'annule. Mais comme le dit l'écrivain martiniquais Patrick Chamoiseau, « (…) cela n'a que peu d'importance. Restés sur le bord du chemin, le juge et le préfet ne pourront qu'assister au passage d'un autre imaginaire du monde[57]. » S'élever contre la créolisation du français est peine perdue. Il existe depuis longtemps, dans les Caraïbes, un créole à base de français (Martinique, Guadeloupe, Guyane), comme il en existe à base d'espagnol (Porto Rico). Le créole est un mixte de langues existantes, qui joue un rôle identitaire, en coexistence sur un même territoire avec la langue dite nationale, chacune ayant sa légitimité. C'est la richesse du métissage culturel.

LES VARIÉTÉS SOCIO-CULTURELLES NATIONALES

Comme le disent les écrivains antillais, Édouard Glissant et Patrick Chamoiseau, la langue est une affaire d'imaginaire. Voyons ce qui se passe dans les pays qui ont le français pour langue nationale. Qu'on ne se méprenne pas, c'est bien de la même langue qu'il s'agit, du français, et point n'est besoin de dire qu'au vu de ces variétés le français n'existe pas. Une même langue avec des variétés d'usage, des discours différents, qui témoignent d'une certaine vision du monde, d'une forme de pensée, d'un imaginaire propre à la culture de chaque pays, comme sont, entre autres choses, les formes de politesse qui diffèrent d'un pays francophone à l'autre[58]. C'est ce qu'écrit merveilleusement l'écrivain martiniquais Édouard Glissant en employant le terme de *langage* là où nous emploierions le terme de *discours*.

57 Interview in *Le Monde* du 5 septembre 2023.
58 Voir à ce propos Jean Pruvost, *La politesse. Au fil des mots et de l'histoire*, Paris, Tallandier, 2022.

> La langue française est la langue maternelle des Français, j'entends par là qu'elle ne pose, en attraction ou en répulsion, aucun problème grave au niveau existentiel collectif ; elle est la langue naturelle, souvent vécue comme menacée, des Québécois ou des Wallons, elle est la langue « partagée » entre les Suisses, j'entends par là qu'ils l'ont officiellement inscrite dans un commerce légal, apparemment non dramatique, avec l'allemand et l'italien ; elle est la langue optative ou folklorique de quelques communautés, comme par exemple en Louisiane ; elle est la langue historiquement imposée à des peuples sans tradition nationale antécédente, comme par exemple aux Antilles, ou à tradition millénaire comme en Afrique. S'agit-il dans tous ces cas de la même langue ? Il s'agit de la même langue, mais à chaque fois, on peut étudier qu'il se crée un langage différent. [...] La langue crée le rapport, le langage crée la différence, l'un et l'autre aussi précieux[59].

En même temps qu'il y a migration des populations, il y a migration des mots et des expressions de la langue commune ; mots et expressions s'adaptent et parfois changent de sens dans le cadre d'une nouvelle vie. L'Académicien Antoine Compagnon rappelle dans son livre, *Aimer l'amour, l'écrire*, que pour Paul Morand les mots n'ont pas « la même couleur en passant une frontière[60] ». Et cette coloration commence par une touche personnelle d'accent, comme est celui des Québécois, des Suisses, des Belges, des Africains et des Maghrébins. Ces accents ne sont ni moins beaux ni moins harmonieux, ni plus désagréables que celui d'une supposée langue française standard. Ils ont la coloration que chacun veut bien leur attribuer.

Il y a aussi un vocabulaire propre à chaque pays. Au Québec, *blonde* signifie « petite amie », *achaler*, « contrarier », *bleuet*, « myrtille », *abreuvoir*, « fontaine » ; pour signifier qu'« il pleut beaucoup », on dit qu'*il mouille à siaux*, et l'on interroge un ami sous la forme *Tu viens-tu ?*. En Suisse romande, on sait que l'on dit *septante* et *nonante* pour « soixante-dix » et « quatre-vingt-dix », que « gilet » se dit *jaquette*, « verre » se dit *godet*, que traiter quelqu'un de *bobet*, c'est le traiter d'« idiot » ; que quand « ça va » en France, *ça joue* en Suisse, et quand on se « gare » en France, on se *parque* en Suisse ; que, si en France ont dit qu'« il va pleuvoir », en Suisse, on dit qu'*il veut pleuvoir*, et que « j'ai vu personne », en France, se dit « J'ai personne vu » en Suisse. En Belgique, on compte comme en Suisse, et pour exprimer qu'on est « dans tous ses états », on dit qu'on

59 Glissant E. *Le discours antillais*, Paris, Seuil, 1981, p. 321.
60 Compagnon A., *Aimer l'amour, l'écrire*, Paris, BNF Éditions, 2016, p. 7.

est *en affaire*, alors que *faire des affaires* en Belgique, signifie « compliquer les choses » ; un plat *goûte bon* en Belgique, alors qu'« il a un bon goût » en France ; et si *babeler*, c'est « bavarder », *bloquer*, c'est « étudier ». En Afrique, selon le pays, *ambiancer* se dit pour « s'amuser, faire la fête », *caïmenter* pour « bûcher », *faire palabre* pour « discuter longuement », et si l'on *mord le carreau*, c'est qu'on « mord la poussière ». Quant aux parlers du Maghreb (Algérie, Maroc, Tunisie), ce sont des mots et expressions arabes de ces différents pays qui sont passés au Français en devenant d'usage courant, au point de figurer dans les dictionnaires : *bled*, *clébard*, *gourbi*, *chouia*, *kawa*, *toubib*, *être maboul*, *faire une razzia*.

Les langues se trouvent au fondement de la construction des communautés linguistiques. Lorsque la communauté est nationale, la langue, confortée par l'école et les institutions, devient *langue commune*[61] qui sert de miroir au sentiment identitaire. Surgit alors la question du nationalisme linguistique que nous n'aborderons pas dans ce cadre, tant la situation est complexe entre revendication culturelle et appartenance sociale[62]. Mais quelles que soient les variétés d'usage, quelles que soient les revendications de reconnaissance d'une langue autre à l'intérieur d'un même territoire national, la langue commune est ce qui assure une intercompréhension étendue et fédératrice. C'est le critère d'*intercompréhension*, dont on reparlera plus loin, qui est ici à l'œuvre, et qui permet de dire que le français existe, comme existent l'anglais, l'allemand, l'espagnol, le portugais, l'italien, le catalan, le basque, l'occitan, et autres langues du monde, majoritaires, minoritaires ou en menace de disparition.

Mais en même temps, l'inéluctable diversité[63]. Ce divers, « qui n'est pas le chaotique ni le stérile » nous rappelle Glissant, et qui témoigne de la liberté des individus, de leur identité multiple. La diversité qui multiplie les formes de pensée. On peut exprimer une forme de pensée construite dans sa propre langue (l'espagnol ou le français), à travers une langue autre (le français ou l'espagnol). Tous les écrivains (africains,

61 Il est d'ailleurs préférable de parler de l*angue commune* que de *langue standard* ou *normée*, comme c'est l'habitude dans la plupart des enquêtes sociolinguistiques.

62 On pourra lire à ce propos : Boyer H., Pour un traitement interdisciplinaire des représentations et idéologies sociolinguistiques, L'Harmattan, 2024.

63 Voir : Robillard D., « Français, variation, représentations : quelques éléments de réflexion », in Billiez J. et Robillard D. (dir.), *Français : variations, représentations, pratiques*, Lyon, ENS éditions, 2003, p. 35-62.

maghrébins, polonais, hongrois, latinos, japonais) qui ont écrit directement en français en sont la preuve vivante. La pensée s'informe dans du discours, et le discours, c'est la langue en tant qu'elle est mise en scène en fonction des visions du monde de celui ou celle qui parle ou écrit.

« Aucune langue ne saurait se constituer en "centre", prétendre à "universalité", ou se voir reléguée dans une périphérie[64] » nous rappelle l'écrivain martiniquais Patrick Chamoiseau. Souvent, les pays qui pratiquent le français en langue officielle, vernaculaire, seconde ou étrangère, reprochent à la France de s'ériger en référence, en modèle du bien parler. Il existe, comme on l'a dit, un français, langue commune, comme lieu d'intercompréhension, et de nombreuses variantes que l'on peut entendre au Québec, en Belgique, en Suisse, dans les Antilles, en Afrique, dont aucune ne peut être jugée supérieure ou inférieure à l'autre. Selon les pays, les régions, les territoires, les situations de coexistence des langues sont variables. Dans certains d'entre eux, domine une langue soutenue institutionnellement par rapport à une autre langue nationale, comme à Montréal, le français face à l'anglais, en Suisse alémanique, le français face à l'allemand dans les villes de Bienne et de Fribourg[65], ou au Maroc en coexistence avec l'arabe. Dans de nombreux pays d'Afrique subsaharienne, le français est langue officielle ou vernaculaire, mais la situation est complexe et extrêmement variable quand on sait que, par exemple, au Sénégal, le wolof est langue nationale en alternance avec le français au milieu d'une vingtaine de langues locales et d'autant d'ethnies.

Cela n'empêche pas que l'on puisse s'émerveiller devant l'emploi de tel mot, telle expression, telle tournure de phrase, telle manière de dire ou d'écrire. Ces variantes ne sont pas un à-côté. Elles ont droit de cité au cœur même de la langue. Elles sont toujours source de découverte et d'enrichissement parce qu'elles font prendre conscience, par comparaison, des différences de représentation du monde, des différences d'imaginaires. Ainsi de l'écrivain argentin Hector Bianciotti, membre de l'Académie française, qui, lors de son passage à l'émission *Apostrophes* animée par Bernard Pivot, dit avec son délicieux accent argentin : « Le français est

---

64 Tribune du 5 septembre 2023 dans le journal *Le Monde*, sous l'intitulé : « Si nous restons à patauger dans l'imaginaire colonial, la guerre des langues restera en vigueur ».

65 Bonhomme Marc, « Législation et pratiques discursives du français dans les villes bilingues (Bienne et Fribourg) de Suisse », in Actes du colloque *Plurilinguisme, pratiques langagières urbaines*, université de Bordeaux Montaigne, à paraître.

une langue merveilleuse. On dit “*Le fond de l'air est frais*“et on découvre que l'air a un fond ».

Dès lors, est-ce que ça a un sens de se demander à qui appartient le français ? Le français appartient à qui le parle dans une volonté d'intercompréhension, entre normes sociales et désir de s'individuer, comme nous le fait comprendre l'écrivaine Shumona Sinha :

> Si on comprend que les mots sont indissociables des expériences vécues, des émotions, des sensations, que les mots façonnent les idées autant qu'ils sont façonnés par les idées, on comprendra qu'on n'écrit que dans la langue dans laquelle on vit[66].

Langue dans laquelle on vit, à la fois commune et diverse : langue des *Nous*, et langue des *Je*.

LE FRANÇAIS ET L'ANGLAIS
Je t'aime, moi non plus

Le français est-il envahi par l'anglais ? C'est ce que disent certains qui s'élèvent contre la pratique de ce qu'ils nomment le « franglais », déjà condamné par Étiemble dans les années soixante[67], ou, plus péjorativement encore, le « globish ». En contre-point, des linguistes estiment qu'il n'y a pas péril en la demeure, que « Le français n'est pas"envahi" par l'anglais[68] », que cela fait partie des emprunts qu'une langue fait à une autre dès lors que circulent des personnes et des biens du fait d'une mondialisation des échanges.

La chose est sérieuse. L'Académie française, dans son rapport de Janvier 2020, au terme duquel elle décide de créer une commission d'étude sur la communication institutionnelle, estime, tout en reconnaissant que « l'apport de mots étrangers (entendez l'anglais) pour combler les lacunes patentes du lexique français est bienvenu et parfois même nécessaire », qu'« on voit bien désormais que leur afflux massif, instable, incontrôlé,

66 Shumona Sinha, *L'autre nom du bonheur était français*, Paris, Gallimard, 2022, p. 109.

67 Étiemble R., *Parlez-vous franglais ?*, Paris, Gallimard, 1964.

68 Voir le Tract des Linguistes atterrées, *op. cit.*

porte atteinte à l'identité et éventuellement à l'avenir de notre langue, comme de la plupart des autres langues ». Et elle conclut : « Ainsi la propagation massive et continue d'un vocabulaire anglo-américain souvent dénaturé, considéré à tort comme bien connu du public général et d'emploi quasi universel, a pour conséquence contradictoire le risque d'un appauvrissement en proportion du lexique français, et d'une discrimination croissante entre les publics[69]. ».

Parallèlement, la Délégation à la langue française, s'emploie à lancer des alertes contre l'usage de mots anglais, et le Secrétariat à la francophonie met en garde contre un emploi abusif des mots anglais qui risque de porter atteinte à l'avenir de la langue française. Le personnel politique n'est pas en reste. Lorsque l'occasion se présente, il lance des déclarations tonitruantes sur la défense de la langue française, que les médias se font un plaisir de colporter : « Cette intrusion de l'anglais dans un événement qui se tient en France, inquiète les défenseurs de la langue de Molière[70] » a titré un journal à l'occasion de la coupe du monde de rugby.

D'autres cependant, tout en reconnaissant que l'usage actuel comprend nombre de mots anglais, font valoir qu'il s'agit d'une exagération qui est entretenue par des puristes nostalgiques d'une langue des temps passés ; que le mélange des langues est un signe d'enrichissement ; que, de toute façon, les mots viennent et disparaissent, ou sont remplacés par d'autres ; et que certains se sont intégrés à la langue française au point de passer pour intrinsèquement français, comme *reporter, interview, parking, star*. Et puis, ils arguent qu'il n'y a pas de quoi s'inquiéter parce qu'il existe des contre-feux : en France, la loi Toubon n° 94-665 du 4 août 1994 qui stipule que, dans biens des situations, « l'emploi de la langue française est obligatoire », et, depuis le 23 janvier 2023, la Commission d'enrichissement de la langue française ; au Canada, l'Office québécois de la langue française. Et puis qu'il existe nombre d'institutions qui veillent et font des propositions de francisation ou de remplacement de certains termes anglais. Anglomanie contre anglophobie, voilà encore une polémique dont les Français ont le secret. Qu'en est-il ?

---

69 Académie française, « Rapport de la commission d'étude sur la communication institutionnelle en langue française », https://www.academie-francaise.fr/rapport-commission-detude-sur-la-communication-institutionnelle.pdf.

70 *Le magazine du Monde* du 23-09-23.

UN ÉTAT DES LIEUX

Quel est l'état actuel de la situation ? Si l'on se réfère à divers calculs, et bien que les résultats soient flous, on estime que parmi la totalité des mots étrangers répertoriés, 25 % sont de langue anglaise. Quant aux dictionnaires français généraux, ils en comprendraient entre 1,6 % et 2,5 %. De ce point de vue, il n'y a donc pas péril en la demeure, et divers écrits ont raison de tempérer les humeurs de certains puristes, en soulignant que la présence de ces mots d'origine anglaise n'affecte pas la langue, et même, parfois, l'enrichit lorsque ces mots ont un sens spécifique ; par exemple le mot *interview* se différencierait d'*entretien*, parce que le premier met en présence deux personnes de statut différent, l'une interrogeant l'autre (interview journalistique), alors que le second désignerait un échange entre personnes de même statut ayant un même droit à la prise de parole, distinction qui n'est pas toujours marquée par les médias eux-mêmes.

Pour avoir une idée de la présence de la langue anglaise dans le français, c'est aux usages qu'il faut se référer. Or, dans ce domaine, on manque d'études de terrain qui relèveraient les emplois de tels mots ou expressions selon les usages dans les différents domaines de la vie sociale. Cela n'est pas simple parce qu'il faudrait relever autant les usages écrits que les usages oraux, à commencer par les conversations ordinaires du quotidien. Observer les affichages de rue (enseignes, panneaux d'information) ; enregistrer, selon les secteurs d'activité (informatique, automobile, énergies, bâtiment, etc.), les termes employés dans le monde de l'entreprise, de l'industrie et du commerce. Les relever également dans les mondes sportif, artistique, politique, associatif, et dans le monde scientifique de plus en plus dépendant d'une internationalisation dans laquelle domine l'anglais. Il faudrait également procéder à un relevé systématique de l'emploi de ces mots dans les médias écrits (journaux, magazines), radiophoniques et télévisuels, dans la publicité et dans les divers sites de communication par Internet. On serait alors en mesure d'avoir une idée de la réalité de ce franglais selon les activités des individus. Esquissons ici quelques pistes.

Les deux mondes plus gros pourvoyeurs de mots anglais sont celui du management des entreprises, et celui de la haute technologie (*high tech*). C'est à partir de là que les mots se diffusent dans les autres activités de la vie professionnelle, commerciale, artistique et sportive. Le management nous a fourni depuis longtemps plusieurs termes, dont *brainstorming* qu'on a voulu, un temps, remplacer, sans grand succès, par « remue-méninges », et *turnover* pour désigner le « roulement du personnel » dans une entreprise. On observe maintenant une prolifération de termes pour parler des lieux de travail : *open space* pour désigner un « espace de travail ouvert, collectif », *flex office* pour « bureau changeant », *escape game* pour « espace de jeu ». Et dans ces espaces, s'organisent de nouvelles formes de travail pour les « salariés », lesquels deviennent des *riders* : les *wework* (« travail en équipe »), *coworking* (« travail conjoint »), *work at home* (« travail à la maison ») et *full remote* (« télétravail à plein temps »), car il s'agit d'éviter le *stress*, et le *burn out* (« épuisement professionnel »). Parfois, on lit, dans des textes d'instructions ou de réglementation, des phrases qui fleurent bon la construction anglaise : « Essai de pré-définition de différents scenarii archétypaux, conçus dans une démarche cible-objectif[71] ».

La technologie numérique fournit également de nombreux mots que l'on trouve dans le vocabulaire de diverses applications : le *streaming* (« consultation en continue »), le *replay* (« rediffusion »), la *playlist* (liste des préférences), l'*open data* (« recueil de données ouvertes à tous »). Les acteurs de ces activités deviennent alors des *followers* (« Suiveurs ») ou des *youtubeurs* (« activistes de Youtube »). Le monde sportif a ses *coach* (« entraîneur »), *team* (« équipe »), *challenger* (qui « défie un champion »), ce dernier étant passé dans le domaine du marketing et de la politique. Ces termes ont essaimé dans le domaine éducatif du « soutien » scolaire, nommé *coaching*, qui organise des stages de *training*. Et, les réseaux sociaux aidant, on peut se fabriquer des vies imaginaires (*day-dreaming*), que l'on fait circuler sur TikTok dans le hashtag *MainCharacterEnergy*.

Dans le domaine artistique, arrivent de nouveaux genres musicaux : le *rap*, le *rave*, la *world*, la *pop*, le *hi hop*, la *country*. Dans celui des spectacles de scène, on a droit aux *stand-uppers* qui font du *stand-up*, aux *performeurs* (*euses*) qui font des *performances*, à la place de cet autre anglicisme, bien intégré, *one man show* (« seul en scène »). À propos des termes *performeurs* et *performanc*e, on peut souligner une déviation sémantique mal venue : *performance* existe en français, et signifie « un

71 Comme le relève Houellebecq, avec ironie, à l'occasion de la lecture d'un rapport du ministère de l'Agriculture, *Extension du domaine de la lutte*, Éditions Maurice Nadeau, 1994, p. 29.

résultat sportif particulièrement exceptionnel ». Il se trouve dévié de ce sens sous l'influence du mot *performer* anglais qui, lui, désigne une « personne qui distrait un public par une activité de chant, danse ou musique ». Il s'ensuit que faire une performance ne signifie plus un exploit exceptionnel, mais une prestation artistique, seul en scène. Il s'ensuit également un emploi abusif du mot *performatif* que politiques et journalistes emploient à l'envi avec un sens extensif et flou. Le performatif a une définition bien précise en linguistique : « énoncé qui accomplit un acte dans l'instant de sa profération ». Ainsi en est-il du président de séance qui déclare : « la séance est levée ». Il faut donc que ce *dire de faire* réponde à certaines conditions : que le locuteur (ou celui qui écrit) se trouve en position de pouvoir ou d'autorité : le prêtre qui baptise, le président de séance qui ouvre et clôt une réunion, le juge qui condamne. Si je n'ai pas ce pouvoir, je pourrai condamner quelqu'un, ma parole ne sera pas performative. Elle pourra cependant avoir un effet psychologique d'influence sur l'interlocuteur.

D'autres terrains devraient être explorés : la rue et le commerce avec leurs enseignes : le *drive* pour retirer une commande tout en restant à bord de son véhicule ; les *fast food* et autres *burger king* de restauration douteuse ; le *barber shop* pour se faire tailler la barbe ; le *Tech-way* sur la camionnette d'une société d'entretien de bâtiments. Le monde de la mode vestimentaire, de *l'ultrafast fashion* qui cherche à créer un univers *lifestyle*[72]. Les Médias d'information diffusent naturellement ces mots, mais ils possèdent leur propre vocabulaire : le *scoop* de longue date, mais plus récemment, le *mook* qui désigne une sorte de « magazine-livre », le s*low media*, activité de « journalisme lent », et il leur faut maintenant lutter contre les *fake news* (« infox »), tout en cherchant à provoquer le *buzz* (« rumeur »), parce qu'il faut bien vendre.

Le monde « intellectuel » n'est pas en reste qui se délecte de mots et expressions qui sont censés décrire des attitudes nouvelles : faire son *coming-out*, lorsqu'on veut révéler son identité sexuelle ; s'adonner à la *cancel culture*, en dénonçant publiquement toute personne qui en offense une autre appartenant à minorité ; plonger dans le *wokisme*, terme à la définition floue, controversée, et utilisée par des groupes radicaux de divers bords, qui est censé dénoncer toutes les injustices sociales, particulièrement celles affectant les groupes minorisés. Établir une telle liste

72 Voir, dans le journal *Le Monde* du 5 décembre 2023, l'article sur la « Fashion ».

peut sembler inquiétant, mais il ne faut pas s'y laisser prendre, car on ne connaît pas la teneur réelle de l'usage de ces mots. Leur publicisation ne correspond pas nécessairement à leur utilisation.

EMPRUNTER : LE POURQUOI DU COMMENT

Essayons donc de comprendre ce qui est en jeu. Il faut d'abord rappeler qu'une langue est toujours soumise aux influences issues des contacts qui s'établissent, comme on l'a vu précédemment, entre des populations différentes. Il en résulte des rapports de domination, de résistance, de soumission, d'alliance ou de renversement, et les langues en pâtissent. Le celtique, parlé par nos ancêtres les Gaulois, a été remplacé par le latin, alors que le francique, langue d'origine germanique, qui est arrivé avec les grandes invasions, n'a guère laissé que le nom de France à la Gaule, et quelques autres mots encore vivants aujourd'hui (*troupeau, maréchal, guerre, blé*). Quant aux autres invasions (arabes, normandes ou vikings), elles ont laissé seulement quelques traces de leur passage. Dans la longue histoire, ces influences se jouent au gré de l'état de stabilité de chaque langue. Et parfois, le rapport de force peut s'inverser, comme ce fut le cas du Québec, qui, après avoir adopté le français, puis avoir été soumis pendant une longue période à la domination anglophone, a renversé la situation linguistique en imposant le français jusque dans les instances politiques, sociales, économiques et administratives. C'est dans cette perspective qu'il faut considérer le phénomène de l'emprunt.

Ainsi, du fait de ces contacts, chaque langue peut être amenée à emprunter des mots à l'autre, pour des motifs que l'on verra ensuite. Le français, au cours de son histoire, a emprunté 4 à 6 % de mots étrangers, à l'arabe (*zéro, algèbre, azimut, chiffre*), à l'italien (*courtisan, escapade, fougue, bizarre*), à l'espagnol (*camarade, matador, brasero, canaille, gitane, guérilla*), à l'allemand (*vison, quenelle, édredon, sabre, cible, zinc*), et à l'anglais et l'anglo-américain (*pipe-line, planning, parking, shoping*). Pour ce qui concerne l'anglais, les emprunts ne datent pas d'aujourd'hui. Déjà au XIXe siècle, rappelle Marina Yaguello[73], la mode était à employer, dans une certaine couche de la population privilégiée, des mots anglais, à commencer par le mot *snob*. Mais c'est surtout à partir du XXe que l'on a vu arriver en

73 Yaguello M., « Comme XXL la place des anglicismes dans la langue », in Cerquiglini B. et alii, *Le français dans tous ses états*, Flammarion, 2000, p. 354.

France, sous l'impulsion de la technologie, de la publicité et du marketing venus des États-Unis, des mots comme *design* (prononcé [dizaïn]), *computer* prononcé ([compiouter]), *management* (prononcé [manadjmente]).

De ces emprunts, certains sont là de longue date et parfaitement intégrés, sinon dans les dictionnaires, du moins dans l'usage. On pourrait en dresser la liste (*listing*) qui est longue : *week-end*, qui ne signifie pas la même chose que *fin de semaine*, parce que ce dernier couvre davantage de jours que le premier réservé au samedi et dimanche ; *sandwich*, qui n'est pas la même chose que *casse-croute*, parce que le casse croûte peut se composer d'autre chose qu'un sandwich ; *parking*, différent de *stationnement*, parce que le premier est toujours organisé et clôturé, alors que le second, d'un emploi générique, réfère à tous les lieux où l'on peut stationner un véhicule ; et *shopping*, différent de *faire des courses* ou *magasiner*, comme le proposent les amis québécois (qui par ailleurs emploient le mot *down* pour dire qu'ils ont le *blues*), parce que faire du shopping désigne l'activité qui consiste à aller de magasin en magasin, sans trop savoir ce que l'on va acheter, comme *faire des emplettes*, alors que faire des courses est souvent déterminé par avance avec un objectif bien précis. Il en est de nombreux autres, dans le domaine journalistique (*scoop*, *reporter*, *interview*), dans le sport (*match, foot, rugby, corner, penalty, gool*), dans l'habillement (*jean* et *tee-shirt*), en politique (*establishment*), et d'autres correspondant à diverses activités de la vie sociale : *club, gang, klaxon, dressing*, l'incontournable *WC*, sans compter qu'on aurait du mal à ne plus *flirter* dans un *dancing* en évitant l'*overdose.*

D'autres arrivent par les échanges internationaux, avec la puissance des marchés et des innovations technologiques. Ici aussi la liste est longue. On en a déjà cité quelques-uns, et on pourrait en ajouter d'autres, largement repris par les médias, et qui ont fini par se populariser : *faire du business* signifie « faire des affaires et gagner de l'argent » ; le *best of* des chansons d'un chanteur est une « sélection du meilleur », quand on ne va pas l'écouter en *live* ; on peut lire le dernier *best-seller* ; éviter d'être un l*oser* (« perdant ») et préférer être un *winner* (« gagnant ») ; se montrer *cool* en toutes circonstances, particulièrement lorsqu'un avion se *crash* ; éviter de traiter avec un *dealer* qui vous demande de payer *cash.* On peut consulter en ligne la longue liste de ces anglicismes intégrés.

De ces mots d'emprunt, il en est aussi qui n'ont pas tenu le coup et ne sont plus guère usités : on peut encore parler des *sixties* (années soixante), mais on ne parle plus guère des *seventies* (années soixante-dix) ni des *eighties* (années quatre-vingt) ; le *speaker* de radio ou télévision est devenu le *présentateur* ou *animateur* de programmes. D'autres ne s'emploient que dans des groupes restreints : *reporting* (« compte-rendu », « rapport ») ; *spoiler* (« gâcher » les relations avec quelqu'un) ; *customiser* (« personnaliser » une attitude ou un objet). D'autres encore coexistent avec un équivalent français : *business*, que l'on a cité, alterne avec *classe affaires* dans les avions ; *mail* avec *courriel* qu'essayent d'imposer les Québécois, et qui a peu de succès en France ; *casting*, dans le milieu du cinéma, est en concurrence avec *audition* ; *sponsor* coexiste avec *mécène*, même si l'on y trouve quelque différence ; enfin, *challenge*, très courant, peut quand même alterner avec *défi*.

UN USAGE INCONTRÔLABLE

Enfin, il faut considérer ce que sont les motifs qui incitent les sujets parlant à employer ses mots d'emprunt. Dans toute société les individus tentent de se placer dans les relations sociales en montrant à quel groupe ils appartiennent, à moins qu'ils expriment le désir de s'y insérer. Ils soignent leur image (*ethos*). Cela peut passer par l'emploi de termes techniques, véritables sésames d'accès à une communauté : le langage de telle ou telle technologie (langage informatique), celui de la pratique professionnelle que parfois on nomme de façon péjorative, un *jargon*. Mais, hors ces cas de nécessité, c'est à un phénomène de snobisme, plus ou moins assumé, auquel on a affaire : se montrer « dans le coup », « branché », éviter d'être déphasé, « à l'ouest », pour tout dire, éviter d'être taxé de *has been* (« ringard »), et, si possible, faire partie des *happy few*. C'est là la raison d'être de ces emplois. Ainsi, après le travail, on se retrouve au *Happy hour*, pour boire des cocktails exotiques ou un *shot* de vitamine, commenter la journée de travail, au bord du *burn-out*, critiquer les supérieurs qui sont *borderline*, se moquer de quelques collègues un peu *losers*, déclarer qu'on est *overbooké* de travail, dire comment *booster* son *team*, se passer les adresses des meilleurs *bodybuilding*, *hair-dressing*, des boutiques d'habillement *vintages* pour être *fashion* (« à la mode », « tendance »), ou des lieux de restauration (*fooding*) à la mode, dont l'un des plus récents est le *In-N-Out*, une chaîne californienne de fast-food qui vient d'ouvrir un restaurant éphémère, et dont une publicité vante le bienfait : « On vient de vivre l'expérience In-N-Out[74] ! ». Si l'on aime le Rap, on se demandera quel fut dernièrement le meilleur *punchline*. Et si vous êtes un adepte des forums en ligne, vous pourrez connaître *the real life* (« la vraie vie ») en faisant partie de la *Whisper Community* (« Communauté du chuchotement »), vous ressentirez alors un *good feeling no one can explain* (*« sentiment agréable que personne ne peut expliquer »*) et en sortirez *satisfied*. Mais cela est réservé à quelques élus. Plus inquiétant peut-être est l'effet de sérieux, voire de scientificité, que cherchent à produire les sites complotistes, comme celui des antivax qui, pour justifier leur campagne de dénigrement des vaccins, arborent leur *data analyst*. Plus perverse encore est l'influence, dans le domaine scientifique, de concepts importés de l'anglo-américain, tels *cancel culture, wokisme, postcolonial studies*, qui, tout en ouvrant légitimement de nouveaux domaines de recherche, s'érigent en concepts absolus mélangeant pensée scientifique et pensée politique.

Alors, faut-il crier à l'envahissement de l'anglais, pousser de cris d'orfraie contre le parler *globish*, ou ce que d'autres nomment l'*anglobal*, dans un lyrisme grandiloquent et douteux, sans la moindre analyse sur les circonstances d'emploi des anglicismes[75] ? Faut-il se scandaliser comme François Raynaert qui, tout en reconnaissant que le français « a toujours emprunté à tout le monde (…) », se désespère parce que, aujourd'hui, « on se retrouve dans un *drive-in* à se faire des taches de sauce BBQ sur le *crop top* en s'avalant "*Top Gun 8*" et un *Big Mac* (…) », et que même dans le « monde de la cuisine (…), dernier ilot où notre vieux pays, fort de sa longue tradition (…) pouvait dresser l'ultime bannière de son exceptionnalité », le plat du jour d'un restaurant bien français est nommé : « Fingers de tête de veau[76] ». En arrive-t-on à une « macdonaldisation » du français ?

Il est vrai qu'il y a des excès. Dans une tribune collective publiée dans le journal *Le Monde*, une centaine d'écrivains, d'essayistes, de journalistes et d'artistes, s'insurgent de la façon dont le *Salon Livre Paris* est présenté sur le site Internet :

---

74 *Le Parisien* du 16-08-24.

75 Alain Borer, « Speak white ! » Pourquoi renoncer au bonheur de parler français ?, Tracts, Gallimard, 2021.

76 Reynaert F., « Parlez-vous Sabir ? », Tracts, Gallimard.

> La « *scène YA* » accueillera « *Le Live* » (performances et lectures musicales), une « *Bookroom* » (un espace de rencontres), un « *Brainsto* » (discussion entre créateurs), un « *Photobooth* » (pour laisser une trace sur ses réseaux sociaux). Il était aussi prévu un « *Bookquizz* », très malheureusement annulé[77].

On peut toujours – il faut toujours – proposer des équivalents français à ces mots, surtout si le mot français apporte des nuances de sens que n'a pas l'anglais[78]. Mais il faut se rendre à l'évidence, on ne sait jamais – et on ne peut prévoir – quel sera le succès de chacun d'eux. Parfois, l'un ou l'autre « prend » et se diffuse largement ; parfois il reste d'usage limité à un seul emploi ; parfois il migre dans divers emplois ; parfois, il n'est d'usage que dans un groupe restreint ; parfois, au contraire, il se popularise par la rumeur publique ; et parfois, il ne tient pas le coup. On ne pourra jamais imposer l'emploi d'un mot si l'usage ne l'accepte pas. Ni l'Académie qui a dressé une première liste de mots et expressions employées par diverses institutions[79] ; ni la Délégation à la langue française, ni le Secrétariat à la francophonie, ne peuvent freiner l'arrivée de mots anglais. Ces organismes ont beau recommander d'employer, par exemple, le mot français *mode* à la place de *fashion*[80], il n'est pas un journal quotidien, une revue hebdomadaire, un magazine mensuel qui se prive de la rubrique *fashion* en fin de sommaire. Quant aux déclarations politiques tonitruantes sur la défense de la langue française, pleines de bonnes intentions, elles ne servent de rien si elles ne s'accompagnent de mesures concrètes.

On n'oubliera pas pour autant que l'usage raisonné de mots étrangers joue un rôle important dans la communication, de persuasion et surtout de connivence. Et pour l'anglais, on peut, sans esprit de snobisme ni de soumission à l'anglomanie, dire que « l'on va *booster* notre politique d'appel à de nouvelles adhésions », que « cette information est un véritable *scoop* », que telle personne « est morte d'une *overdose* » ? Pourquoi ne pourrait-on s'amuser à dire de temps en temps « as you like » au lieu de « comme vous voudrez », si l'on veut faire un clin d'œil complice ?

---

77 *Le Monde*, janvier 2019.

78 Voir à ce propos La Lettre n° 45 de décembre 2023 de la *Société française de terminologie*.

79 Académie française, « Rapport de la commission d'étude sur la communication institutionnelle en langue française ».

80 *Journal officiel* du 25 janvier 2023.

UNE AFFAIRE POLITIQUE

Plus sérieusement, faut-il partager le point de vue du linguistique Claude Hagège, professeur honoraire au Collège de France, qui, tout en précisant qu'il milite en faveur de la diversité des langues, estime que « l'anglais menace le français et la diversité même des langues » ? Il ne se contente pas de se scandaliser, il propose une analyse détaillée de l'histoire de la constitution des langues, de ce qu'a été, dans le passé, l'influence du français dans le monde, puis, celle, plus récente, de l'anglo-américain, pour en arriver à déclarer que « la pensée unique véhiculée par l'anglais est essentiellement articulée sur le profit[81]. ». C'est peut-être dans cette perspective qu'il faut poursuivre la réflexion, à savoir que l'affaire est politique et éducative.

Politique au niveau des instances nationales et internationales pour que soit promue la diversité linguistique des prises de parole, alors que, rappelle encore Hagège, « L'administration de l'Union européenne exige aujourd'hui que les candidatures de ses futurs employés soient rédigées en anglais. Cela donne à cette langue une place de plus en plus forte de manière tout à fait illégale, puisque le français et l'anglais sont, dans les statuts du Traité de Rome, sur un pied d'égalité[82]. ». Alors, peut-on aller jusqu'à parler d'« impérialisme linguistique » anglo-saxon, voire de « néo-colonialisme », comme semble le suggérer le rapport de la *Conference on English Teaching Abroad* rapporté et dénoncé par Robert Phillipson dans son ouvrage *Linguistic imperialism*, publié en 1992 et traduit en français en 2019 ? Les termes en sont édifiants :

> L'anglais doit devenir la langue dominante remplaçant les autres langues et leurs visions du monde : chronologiquement, la langue maternelle sera étudiée la première, mais l'anglais est la langue qui par la vertu de son emploi et de ses fonctions deviendra la langue fondamentale[83].

Pourtant, en France, en vertu de l'article 2 de la Constitution (« La langue de la République est le français »), et conformément à la loi n° 94-665

81 Interview dans le magazine *Le Point*, du 24/09/2023. Voir aussi : Hagège C., *Contre la pensée* unique, Paris, Odile Jacob, 2012.

82 Hagège C. « L'anglais est une langue dont les ambiguïtés sont parfois dangereuses, revue *Campus*, n° 115, de l'Université de Genève.

83 Robert Phillipson, *La Domination de l'anglais : un défi pour l'Europe*, éditions Libre et Solidaire, 2019.

du 4 aout 1994 relative à l'emploi de la langue française, « les agents de la fonction publique veillent dans l'exercice de leurs fonctions au respect de l'emploi de la langue française ». Et malgré tout, dans ces institutions, les échanges se font presque uniquement en langue anglaise : « Beaucoup de fonctionnaires utilisent plutôt l'anglais que leur langue, constate Robert Phillipson. L'anglais est promu comme panacée linguistique alors que seulement 62 millions de personnes au sein de l'UE ont l'anglais comme langue maternelle (sur un total de 512 millions en 2015), et moins de la moitié des autres peuvent l'utiliser comme langue étrangère ». Et il ajoute ce commentaire qui en dit long sur ce que nous avons appelé l'usage incontrôlable : « On présume que vous devez parler anglais pour être pris au sérieux, ce que les fonctionnaires acceptent largement, parfois à leurs risques et périls[84]. » Au début de la constitution de l'Union européenne, 60 % des documents de la Commission étaient rédigés en français et 40 % en allemand, alors qu'aujourd'hui 82 % sont rédigés en anglais et 3 % en français. Quant à la traduction des documents, plus de 80 % des documents produits par la Commission européenne sont traduits en langue anglaise, alors que seulement 1 % des citoyens européens (hors Iles britanniques) ont aujourd'hui l'anglais pour langue maternelle.

Affaire politique également lorsqu'il s'agit de l'organisation de la recherche scientifique internationale. « Promouvoir la diversité linguistique dans les systèmes d'évaluation et de financement de la recherche », comme l'énonce *l'Initiative d'Helsinki sur le multilinguisme dans la communication savante*[85], afin que « dans le processus d'évaluation par des experts, les recherches de haute qualité [soient] valorisées indépendamment de la langue ou du canal de publication ». Il s'agit en la matière de la publication de la recherche dans les revues scientifiques. Or, une tribune dans le site du journal *Le Monde*, signée par une centaine de chercheurs en gestion[86], observe que les revues les plus prestigieuses sont entièrement et exclusivement rédigées en anglais : « Parmi les 110 revues classées par le CNRS à un rang 1, assurent-ils, comme parmi les 61 revues classées par la Fnege à ce même rang, aucune n'est de langue

84 *Ibid.*

85 https://www.helsinki-initiative.org/fr/read.

86 « La recherche francophone en sciences de gestion n'a aucune raison d'accepter une soumission à un ordre anglo-saxon », *Le Monde*, 20 février 2019.

française. ». Ils appellent les autorités académiques françaises à s'opposer à la domination des revues anglophones, car c'est considérer « qu'une revue publiée dans notre langue serait par nature moins bonne qu'une revue rédigée en anglais ». C'est que, déclare un autre Manifeste : si dans le domaine des sciences et des techniques, l'anglais s'est imposé comme véhicule de la communication scientifique,

> (...) dans le domaines des sciences humaines et sociales, où les nuances de la pensée ne peuvent être exprimées qu'à travers une vaste connaissance des mots et de leurs synonymes, un individu ne peut s'exprimer correctement que dans sa ou ses langues maternelles, dont il connaît toutes les structures grammaticales et conceptuelles par lesquelles il exprime sa pensée. La volonté acharnée des technocrates en charge de la science européenne, qui désirent réduire toute la communication scientifique à n'employer qu'une seule langue, cause un rapide déclin des sciences humaines et sociales[87].

Le piège est là. Car, comme le dit une sociologue[88], un chercheur en sciences humaines et sociales doit écrire dans sa langue car sa pensée en dépend. Mais en même temps, il souhaite être lu par des chercheurs d'autres pays, et faute de traduire dans toutes les langues du monde, c'est la langue anglaise qui fait fonction de passeur. Mais alors, il faut que chaque pays joue le jeu, et particulièrement les pays de langue anglaise, à commencer par une activité de traduction. Le linguiste, Louis Jean Calvet, montre dans une étude, en s'inspirant des travaux de Swaan, Johan Heilbron (1999), ce qu'est la situation des traductions :

> 40 % des ouvrages traduits dans le monde l'étaient à partir de l'anglais. Les ouvrages traduits à partir du français, de l'allemand et du russe représentaient chacun de 10 à 12 % de l'ensemble, ce qui signifie que les 3/4 des traductions mondiales viennent de quatre langues. (...) À l'inverse, moins de 5 % des ouvrages publiés aux USA et en Grande-Bretagne étaient des traductions, entre 10 et 12 % des ouvrages en français et en allemand, entre 12 et 20 % des ouvrages en italien et en espagnol, 25 % des ouvrages en suédois ou en néerlandais, etc[89].

87 « Manifeste pour la défense du multilinguisme scientifique », *Lettre d'information* de l'OEP, https://www.observatoireplurilinguisme.eu/les-actions/la-lettre-de-loep.

88 Heinich N., « Pourquoi publier en langue française quand on est sociologue ? », revue SociologieS Débats, *Français/anglais : que faire ?*, le 17 01 2019.

89 Calvet L.-J., « Géopolitique de la traduction en méditerranées », article AB du 11-04-16.

Piège encore, car, dans le domaine des sciences humaines et sociales, les analyses et les explications passent par les formes de pensée que permet chaque langue, et qui ne trouvent pas toujours un équivalent en anglais. Un collègue linguiste en apporte une illustration :

> J'ai publié récemment un article de linguistique intitulé « Dénomination référentielle, désignation, nomination ». Comme il est maintenant d'usage, on m'a demandé une traduction du titre et un résumé en anglais. Dans le résumé, j'ai pu faire, avec beaucoup de mal, quelques périphrases explicatives pour l'éventuel lecteur anglophone. Mais pour le titre, je me suis aperçu que dans la tradition anglo-saxonne, les trois entités que sont la dénomination, la désignation et la nomination se diluent toutes dans le terme de « collocation », qui ne peut rendre la richesse des trois termes français. J'ai fini par traduire le titre par « Reference and naming », ce qui ne couvre pas le sujet, loin s'en faut, mais au moins le rend compréhensible. La domination de l'anglais ne peut que signifier, à terme, l'abandon de ce type de travaux par autocensure de ceux qui verront leurs articles rejetés une première fois[90].

L'affaire est également de politique éducative. Que l'anglais soit enseigné comme langue de culture, britannique ou américaine, et non point dans le charabia administratif, managérial ou technologique qui fait loi dans certaines formations au management en promettant un *bachelor*. Or, il se trouve que des directives ministérielles ont voulu imposer l'anglais dans l'enseignement supérieur, avec les arguments suivants : (i) « La France doit prendre sa part dans la formation des futures élites mondiales » ; (ii) « Il faut assurer le rayonnement de notre pays » ; (iii) « Il faut attirer les étudiants étrangers par crainte qu'ils aillent voir ailleurs, en rendant la France *attractive* ». Arguments spécieux, car s'il s'agit d'attirer les étrangers en France, n'est-ce pas en leur faisant découvrir notre culture – qui d'ailleurs les fascine – à travers notre langue, plutôt qu'en leur parlant un anglais neutre, sans saveur ? Le rayonnement est d'abord affaire d'excellence. Nos étudiants, nos chercheurs, nos fonctionnaires des organismes internationaux seront reconnus, honorés, crédibles par leur savoir, leur compétence, leur intelligence, non par leur anglais.

---

90 Pierre Frath « De l'uniformité et du conformisme dans les sciences humaines », revue *Mélanges*, CRAPEL n° 37.

Que faut-il en conclure ? D'abord, que ce n'est pas le « grand envahissement » de l'anglais, comme d'autres parlent, ailleurs, de « grande invasion », ni, non plus, la « grande substitution », comme d'autres parlent de « grand remplacement ». La majorité des Français ne passe pas son temps à employer des mots anglais ni à parler *globish*. Lorsque se nouent des relations entre diverses populations et différents peuples, il est normal que s'établissent des rapports de force donnant lieu à différentes configurations linguistiques. Mais on ne peut, non plus, méconnaître les effets délétères de la contamination. Car c'est une affaire de culture. Une langue n'est pas un simple instrument de communication. Tous les grands philosophes et linguistes l'ont montré. Une langue, par la façon de parler, est un mode de pensée, un mode de raisonnement, une manière de se comporter et de vivre. Une langue, c'est l'être humain lui-même qui se fait exister. Toute langue est attachée à une culture, en tant qu'elle est l'idiosyncrasie des peuples y compris dans son hybridité. Même les concepts philosophiques que l'on pourrait croire universels, dépendent des formes de raisonnement qui sont attachées à chaque langue, à chaque culture. C'est ce que montre le *Vocabulaire européen des philosophies*[91] dirigé par Barbara Cassin. L'équipe de collaborateurs appartenant à différents pays en est arrivée à prendre conscience que pour définir les concepts philosophiques, il fallait en passer par les différentes langues, chacune apportant ses spécificités de sens[92].

Dans une même aire culturelle, diverses formes linguistiques peuvent coexister, mais il faut savoir les trier et les employer en fonction des situations d'emploi. On sait que lors des situations de communication quotidiennes, l'usage, comme on l'a dit précédemment, est incontrôlable. Il en va de la liberté de chacun de s'exprimer comme il veut, et de marquer son identité, avec ou contre celle des autres. Il n'empêche. On peut penser que le souci de tout un chacun, lorsqu'il communique, est de se faire comprendre. Or, un emploi non maîtrisé de formes linguistiques étrangères peut faire obstacle à ce désir d'intercompréhension. Même « des intellectuels anglophones (...) dénoncent le très mauvais niveau grammatical, syntaxique et conceptuel dans lequel sont écrits de nombreux articles rédigés en anglais par des non anglophones[93]. »

---

91 Vocabulaire européen des philosophies, Paris, Seuil, 2004.

92 Lire la « Présentation » par Barbara Cassin.

93 « Manifeste pour la défense du multilinguisme scientifique », *Lettre d'information* de l'OEP, *op. cit.*

Si l'on ne maîtrise pas l'emploi des mots et des tournures de phrase de la langue anglaise, on ne parle plus qu'un charabia. Les maîtriser, en revanche, peut être source de connivence : une chose est employer l'expression « positive attitude », de façon amusée, autre chose est ignorer que, en français, on dit : « Il a une attitude positive dans la vie ». Ainsi, Uderzo et Goscinny nous ont-ils fait rire en faisant parler les Bretons avec des tournures de langue anglaise exprimée en français : « Il n'est, n'est-il pas ? », ou : « C'est comme chercher une aiguille dans du foin en botte ! ». Voilà qui paraîtrait *shocking* dans un autre contexte.

Dans les autres situations d'emploi, il est évident qu'il faut résister à un emploi abusif de cet « ail de basse de cuisine » comme dit Verlaine[94]. Et cela passe, comme nous l'avons dit par une action auprès des institutions nationales et internationales. Peut-être aussi par une réglementation concernant les manifestations commerciales (Salons, Festivals, Foires). En tout cas, par un enseignement qui fait prendre conscience de la diversité des formes d'expression selon les circonstances d'emploi. Et puis, insister pour que, en toute occasion internationale, on pratique la traduction. La traduction, on le sait, n'est jamais le reflet exact de la langue de départ (*Traduttore, traditore*). Mais elle met toujours en évidence la multiplicité des sens, témoigne des différences culturelles, et fait prendre conscience des subtilités de sa propre langue. C'est ce pour quoi milite Barbara Cassin à l'intérieur de l'Académie française :

> Je pensais aussi que les académiciens avaient les mêmes ennemis que moi : d'un côté, le *globish*, ce *global english* qui laisse subsister les langues de culture seulement comme des dialectes, et, de l'autre, le nationalisme ontologique, l'essentialisation d'une langue supérieure enracinée dans un peuple ou dans une race, à la manière de Rivarol ou de Heidegger. Ce sont des travers dans lesquels l'Académie ne saurait tomber. Mais encore faut-il étayer la manière de ne pas y tomber, notamment avec cet intérêt pour la traduction qui est le mien, et qui est déjà puissamment développé par François Cheng, Andreï Makine, Michael Edwards, Dany Laferrière, Amin Maalouf et plusieurs autres[95].

94 Verlaine, *Art poétique*.

95 Propos recueillis par Nicolas Truong, publiés dans *Le Monde* numérique, le 12 mai 2018.

LA NATURE DU FRANÇAIS

À la recherche d'un critère

> Il y a plusieurs façons de parler français, et parfois il faut choisir la bonne.
> Tonie MARSHALL

On l'a dit en introduction, instituer officiellement la langue française n'en définit pas la nature. Il nous faut donc chercher les critères qui permettraient d'en caractériser l'existence. À cette fin, on partira de deux procès qui ont été intentés à l'écriture inclusive, en examinant les explications des juges et du rapporteur public qui font office de jurisprudence. Puis on apportera le point de vue linguistique qui passe en revue différentes propositions. C'est à la conjonction de ces deux points de vue qu'émerge la possibilité de déterminer des critères.

LE POINT DE VUE JURIDIQUE
Qui a pouvoir de dire ?

PREMIÈRE AFFAIRE

Le 19 mars 2022 et le 6 février 2023, l'association FRancophonie AVenir (A.FR.AV) demande au Tribunal administratif de Paris :

1°) d'annuler la décision implicite par laquelle la maire de Paris a rejeté sa demande présentée le 30 décembre 2021 tendant au retrait de deux plaques commémoratives apposées dans l'enceinte de l'hôtel de Ville et gravées en écriture dite "inclusive ", avec les qualificatifs « conseiller.e.s » et « président.e.s » ;

2°) d'ordonner à la maire de Paris "de ne plus utiliser – ou de faire utiliser – ce type d'écriture dans l'espace public tenu sous sa responsabilité ".

Et ce, au motif que l'écriture dite "inclusive "utilisée pour les inscriptions figurant sur les plaques litigieuses "n'est pas du français "et méconnaît ce faisant les dispositions de l'article 3 de la loi du 4 août 1994[1] relative à l'emploi de la langue française.

En conséquence, le Tribunal rejette la requête de l'association FRancophonie Avenir, au motif suivant[2] :

1. Aux termes de l'article 2 de la Constitution du 4 octobre 1958 : "La langue de la République est le français". Aux termes de l'article 3 de la loi du 4 août 1994 relative à l'emploi de la langue française : "Toute inscription ou annonce apposée ou faite sur la voie publique, dans un lieu ouvert au public ou dans un moyen de transport en commun et destinée à l'information du public doit être formulée en langue française".

2. Il ne résulte pas des dispositions précitées, ni d'aucun autre texte ou principe que la graphie appelée "écriture inclusive ", consistant à faire apparaître, autour d'un point médian, l'existence des formes masculine et féminine d'un mot ne relève pas de la langue française ;

3. Les circonstances que le ministre de l'éducation nationale ait proscrit son utilisation à l'école par une circulaire du 5 mai 2021 ou que l'Académie française se soit déclarée opposée à son usage dans une lettre ouverte du 7 mai 2021 restent à cet égard sans incidence sur la légalité de la décision attaquée de la Ville de Paris.

DEUXIÈME AFFAIRE

Un professeur d'anglais de l'université Grenoble-Alpes a saisi le tribunal administratif de Grenoble en recours contre une délibération de ladite université approuvant les statuts du service des langues, dont la plupart des articles étaient rédigés en écriture inclusive « consistant à

---

1 « Toute inscription ou annonce apposée ou faite sur la voie publique, dans un lieu ouvert au public ou dans un moyen de transport en commun et destinée à l'information du public doit être formulée en langue française. »

2 Voir : décision du Tribunal administratif de Paris, 2e Section-1èer Chambre-14 mars 2023-n° 2206681.

décliner, autour d'un point médian, les formes masculines et féminines des mots variables ».

Le 11 mai 2023, le tribunal administratif de Grenoble a annulé une délibération du conseil d'administration de l'université Grenoble-Alpes en tant qu'elle est rédigée en écriture « inclusive ». Pour justifier sa décision, il donne dans son jugement plusieurs exemples des phrases incriminées comme[3] :

– il en fait une lecture orale en qualifiant chaque séquence oralisée : / La séance est présidée par /lela/ [*inconnu*] /directeurrice [*mot inconnu*] sortante [*qualificatif exclusivement féminin*] / . Si /cecette/ [*démonstratif incommu*] /dernierère/ [*barbarisme exclusivement féminin*] est /candidate/ [*exclusivement fémini*], la séance est présidée par /lea/ [*article inconnu*] /doyenne/ [*exclusivement féminin*] d'âge /élue/ [*pas de distinction à l'orale, exclusivement féminin à l'écrit*] non /candidate/ [*exclusivement féminin*] parmi les enseignantes, /enseignantes/ [*exclusivement féminin à l'écrit et donc réduplication*] /chercheures/ [*pas de distinction à l'orale, exclusivement féminin à l'écrit*] et les /chercheres/ [*mot inconnu, exclusivement féminin à l'écrit.*]
– il juge que : « la clarté et l'intelligibilité de la norme constituent un objectif de valeur constitutionnelle auquel doivent satisfaire les actes administratifs. »
– que : « le degré de clarté attendu d'un texte dépend de ses nature et fonction. Ainsi, le caractère technique et efficient d'un texte juridique impose un niveau de clarté propre à garantir son accessibilité immédiate ».
– se référant à la déclaration de l'Académie française du 26 octobre 2017, la juridiction estime que « l'usage d'un tel mode rédactionnel a pour effet de rendre la lecture de ces statuts malaisée alors même qu'aucune nécessité en rapport avec l'objet de ce texte, qui impose, au contraire, sa compréhensibilité immédiate, n'en justifie l'emploi ».
– en conséquence de quoi, le requérant est « fondé à soutenir que l'utilisation de ce type de rédaction porte en l'espèce atteinte à l'objectif constitutionnel de clarté et d'intelligibilité de la norme ».

3 Voir : Jugement rendu par Tribunal administratif de Grenoble, le 11-05-2023, n° 2005367, in AJDA 2023, p. 918.

L'AVIS DU RAPPORTEUR PUBLIC

Ces affaires, aux conclusions opposées, ont conduit les juges et la jurisprudence à s'interroger sur ce qu'est le français, ce que résume le Rapporteur public, Vincent Mazeau (AJDA 2023, p. 951), en posant la question : « L'écriture dite "inclusive" est-elle du français ? »

Tout d'abord, le rapporteur, prend acte de ce que l'écriture inclusive « désigne un ensemble de pratiques qui ont pour point commun de viser à une meilleure "représentation" des femmes dans le langage en s'appuyant sur le présupposé théorique selon lequel la langue française, dans son lexique comme dans sa structure, serait "sexiste" car elle "invisibiliserait" les femmes. » Il relève que « les partisans de cette cause se sont attaqués à ce qu'ils estiment être le cœur du sexisme latent de notre langue, soit les règles d'accord de genre ». Il rappelle « qu'en français le masculin est le genre non marqué, c'est-à-dire qu'"il a capacité à représenter à lui seul les éléments relevant de l'un et l'autre genre" (G. Dumézil et C. Lévi-Strauss, déclaration adoptée par l'Académie française le 14 juin 1984) », et que « cette indifférenciation grammaticale étant, par hypothèse, interprétée comme une discrimination, les pratiques dites "inclusives" ont pour objet de révéler et de mettre en évidence le féminin à chaque fois qu'il risquerait d'être subsumé sous le masculin ». Il constate alors que les partisans de l'écriture inclusive « recommandent : l'accord de proximité, la "double flexion", aussi appelée "réduplication", [et] l'usage du "point médian" pour adjoindre, à la fin d'un mot variable, les terminaisons propres au masculin et au féminin, [...] pratique d'écriture qui consiste à "visibiliser" les femmes par une double flexion systématique, figurée typographiquement à l'aide du point médian »

Il rappelle également et précise que « les deux textes réglementaires invoqués [...], la circulaire du Premier ministre du 21 novembre 2017[4] relative aux règles de féminisation et de rédaction des textes publiée au JO et la circulaire du ministre de l'éducation nationale du 5 mai 2021 relative aux règles de féminisation dans les actes administratifs et les pratiques d'enseignement, [...] ont pour point commun d'encourager certaines pratiques relevant de l'écriture inclusive *lato sensu*, comme la féminisation des noms de fonctions ou la "réduplication" dans les actes

4 Circulaire du Premier ministre du 21 novembre 2017 relative aux règles de féminisation et de rédaction des textes publiés au Journal Officiel de la République française, in Legifrance, JORF n°0272 du 22 novembre 2017.

de recrutement et les avis de vacances, tout en interdisant l'écriture inclusive *stricto sensu*, définie ici comme "les pratiques rédactionnelles et typographiques visant à substituer à l'emploi du masculin, lorsqu'il est utilisé dans un sens générique, une graphie faisant ressortir l'existence d'une forme féminine" ». Enfin, il constate que le reproche général qui est fait par les divers requérants à l'écriture inclusive est d'être une « écriture imprononçable et non française », « aucunement du français, mais un charabia imprononçable », et donc que « un énoncé rédigé en écriture inclusive, au sens étroit que nous avons donné à ce terme, n'est pas un énoncé écrit en "langue française" au sens de la loi Toubon[5]. »

QUI AURAIT POUVOIR DE DIRE ?

S'appuyant sur ces faits, le rapporteur cherche à savoir qui aurait, en droit, pouvoir pour dire ce qui est français ou ne l'est pas. Il juge que « le gouvernement n'est pas compétent pour déterminer ce qui appartient ou non à la langue française », et que, les dirigeants, en édictant certaines règles concernant l'écriture des textes officiels et publics, « n'ont pas prétendu la régler une fois pour toutes, et pour l'ensemble de la société », ce pourquoi « ils n'auraient évidemment pas compétence. » Il juge également que « l'article 3 de la loi Toubon aux termes duquel "toute inscription apposée dans un lieu ouvert au public et destinée à l'information du public doit être formulée en langue française" (...) n'a certainement pas pour objet d'interdire le mauvais français, ni les usages politiques de la langue. »

Il s'interroge également sur le pouvoir de l'Académie française. Il estime que si celle-ci « a pour objet, aux termes de l'article 24 de ses statuts, de "donner des règles certaines à notre langue" et de "la rendre pure, éloquente et capable de traiter les arts et les sciences" », et que « si elle dispose d'une indéniable autorité morale dans ce domaine, cette autorité est en soi dépourvue de force juridique : elle n'est pas opposable. » Il juge en revanche que sa mission étant de « préserver l'esprit et la logique interne de cette langue, sa démarche est clairement normative ». Autrement dit, « en recommandant le "bon usage", l'Académie ne prétend pas l'imposer, mais seulement guider *l'usage commun qui reste, en la matière, le seul souverain.* ».

5 « Loi n° 94-665 du 4 août 1994 relative à l'emploi de la langue française », site Légifrance.

Elle serait, à l'instar du Parlement au regard de la loi, dans la position d'un « comité de déontologie chargé d'identifier et de promouvoir les "bonnes pratiques" dans un domaine déterminé. »

Quant à la légimité des requérants contre l'écriture inclusive, il estime que leur principale critique selon laquelle « ces mentions seraient "imprononçables" et "illisibles" n'est toutefois pas dénuée de pertinence. De nombreux linguistes et historiens partagent cette opinion, que l'on ne peut certainement pas disqualifier en bloc comme des défenseurs du patriarcat – citons à cet égard Claude Hagège, Alain Rey, Bernard Cerquiglini et Mona Ozouf, entre autres. » Et de conclure en s'adressant aux juges : « Qu'il nous soit permis de rappeler une vérité élémentaire à cet égard : vous siégez ici comme juge de la légalité, non comme arbitre des élégances littéraires. L'écriture inclusive est peut-être du mauvais français : ce n'est pas à vous d'en juger ; mais une chose est sûre, c'est bien du français. » Et il ajoute en forme de confidence : « Quant à nous – vous nous pardonnerez cette franchise qui est le privilège des rapporteurs publics – nous rejoignons l'association requérante sur un point : nous ne prédisons pas un grand avenir à l'écriture inclusive. Nous pensons qu'une place lui est destinée au rayon des curiosités historiques, quelque part entre les préciosités du Grand Siècle et la phraséologie révolutionnaire. Mais ce résultat, nous l'attendons du passage du temps et de la force de l'usage, non de l'œuvre des juges. »

Voilà ce que dit le Rapporteur de la république qui vaut jurisprudence. Que peut-on en dire du point de vue linguistique, sans qu'il soit ici question de prise de position normative, mais seulement d'explication au regard des données d'une discipline scientifique ouverte à discussion ?

LE POINT DE VUE LINGUISTIQUE
De l'oralité à l'écriture et vice-versa

Pour la jurisprudence le pouvoir administratif, en ses divers agents ministériels, n'est donc pas compétent pour déterminer ce qui appartient ou non à la langue française. Il lui accorde cependant une compétence pour réglementer la langue dans des usages particuliers, comme le fait la loi

Toubon, en sa circulaire du 19 mars 1996[6], dont le champ d'application est limité à l'emploi de la langue française pour la commercialisation, les manifestations publiques et les entreprises. La jurisprudence reconnaît à l'Académie française une certaine autorité pour recommander le « bon usage », mais en même temps elle déclare que cette autorité « est en soi dépourvue de force juridique », et qu'elle ne peut être que morale, autrement dit normative.

On peut en conclure que la langue française n'a pas de définition juridique. En effet, pour qu'il y ait loi, il faut qu'existent des textes législatifs de référence qui permettent de dire « ce qui est » et « ce qui n'est pas » français en droit. Or, il n'existe pas de textes de référence définissant le français. Les grammaires et les dictionnaires ne sont que des descriptions d'usage : les grammaires s'agrémentent de règles du fait de la transcription de l'usage oral en usage écrit ; quant aux dictionnaires généraux ils entérinent des emplois et en les précisant parfois comme familier, technique, juridique, métaphorique ; ils peuvent aussi se spécialiser en dictionnaires technique, étymologique, d'argot, de locutions, etc. Il n'existe pas non plus de textes de référence absolus et sacrés comme le sont ceux qui définissent les doctrines religieuses (Bible, Nouveau Testament, Thora, Coran), les grammaires étant diverses. Quand bien même on s'emploierait à décrire un « bon usage » comme le fait la grammaire Grevisse, celui-ci ne peut être que recommandé, voire normatif, mais il ne peut avoir force juridique « opposable ». Quant au dictionnaire de l'Académie française, il ne peut non plus constituer une référence absolue. Au regard du droit opposable, comme le dit le rapporteur public, il n'a pas plus d'autorité qu'un autre. Dictionnaire parmi d'autres, il reste cependant une source de consultation, avec ses manques, ses imprécisions et ses redondances, en sachant qu'il n'est pas élaboré à l'aide des moyens et la technicité dont disposent les lexicographes linguistes.

Malgré cette absence de textes qui auraient force de loi, une observation empirique montre qu'on ne construit pas les phrases n'importe comment : à quelques erreurs près, on n'emploie pas les mots du lexique les uns pour les autre ; bon an mal an on respecte les règles d'ordonnancement des mots. Alors, comment déterminer ce qui est le français ou ne l'est

6 « Circulaire du 19 mars 1996 concernant l'application de la loi n° 94-665 du 4 août 1994 relative à l'emploi de la langue française », site Légifrance.

pas ? On aura recours aux critères de « lisibilité » et de « reconnaissance » pour y répondre.

La lisibilité est un état des signes d'une langue qui permet à tout sujet parlant cette langue de les reconnaître immédiatement. Que ce soit dans son aspect oral ou écrit, la compréhension (c'est-à-dire ce qui permet aux individus de communiquer entre eux) est assurée par la reconnaissance des formes et de leurs règles de combinaison. Bien sûr, formes et règles peuvent changer avec le temps, mais c'est en suivant les usages spontanés des individus d'une même communauté linguistique. Cependant, si le *degré de lisibilité* est une condition nécessaire à la compréhension des actes de langage, il n'est point suffisant (comme on le verra plus loin) pour assurer la *reconnaissance* d'une langue commune.

L'ÉCRITURE, UNE ORALISATION MENTALE

La première question à considérer est le rapport entre l'oral et l'écrit. On sait que l'oral a toujours précédé l'écrit. On l'a dit à plusieurs reprises, l'écriture en ses débuts a toujours été guidée par le souci de représenter sous forme graphique les sons de la chaîne parlée orale. Il est vrai que le français, pour ce qui est du rapport entre oral et écrit, phonie et graphie, a pris une place singulière au milieu des autres langues romanes. Les correspondances entre phonèmes et graphèmes, dans ces dernières, sont bien plus régulières qu'en français, ne serait-ce que par l'emploi systématique de l'opposition [o/a] à l'oral, et sa transcription en *o/a* à l'écrit. Le français, par affaiblissement des voyelles latines en [ø] central, transcrit par la lettre *e*, ne dispose pas de cette opposition, et on ne peut pas dire qu'il y ait là intention de discrimination d'un genre au profit de l'autre. Le second aspect à considérer est le fait que l'acte de lecture s'opère à travers une oralisation mentale[7]. Cela se constate quand on procède à ce qu'on appelle une lecture à voix haute. Tout le monde peut en faire l'expérience, même sans se livrer à l'épreuve du « gueuloir » à laquelle s'adonnait Flaubert quand il écrivait[8]. En lisant, on oralise mentalement.

---

7 Des expérimentations en psychologie cognitive montrent que la lecture se fait entre perception oculaire et oralisation. Voir : Florence Lacroix, Aurélie Lainé et Patrick Weil-Barais, « Psychologie cognitive et activité de lecture », *Ressources* n° 21, mai 2019.

8 « Je ne sais qu'une phrase est bonne qu'après l'avoir fait passer par mon gueuloir », Gustave Flaubert.

Le point médian qui cherche à faire apparaître conjointement les genres masculin et féminin se heurte à une contradiction qui trouble la communication et la rend incompréhensible. Ainsi, écrire « Les étudiant.e.s sont confiné.e.s » est lu mentalement [les étudiantes] ne faisant entendre qu'un seul genre. C'est d'ailleurs la lecture qu'en ont faite les juges de la deuxième affaire. Quant à écrire *directeur.rices, lecteur.rices*, ou *chômeur.euses*, certes ces mots sont prononçables, mais leur oralisation ne permettrait pas de les trouver dans les dictionnaires comme témoignant d'un usage courant. Parfois même, le point médian produit un effet contreproductif. Dans les pages d'annuaire de certaines institutions universitaires le personnel est présenté sous la forme d'un trombinoscope. Et par exemple, sous la photo d'une personne de sexe masculin, on voit écrit : « Directeur.rice de recherche », « Maître.sse de conférence », « Assistant.e », « Doctorant.e », que l'on est conduit à lire : [directeurice de recherche], [maîtresse de conférence], [assistante] et [doctorante], attribuant ainsi à ces personnes un genre différent de ce qu'elles ont déclaré aux services administratifs.

Quant à écrire « Assistant.e », « Doctorant.e » ou « Maître.sse de conférence » sous les photos du personnel féminin, on ne voit pas l'utilité d'employer le point médian puisqu'existent à l'écrit *assistante, doctorante* et *maîtresse de conférence*. Si la personne concernée se revendique transgenre, il suffit de la nommer, selon sa revendication, soit par la forme du féminin (*maîtresse de conférence*), soit par celle du masculin (*maître de conférence*). La chose se complique si la personne concernée tient à ce qu'on lui reconnaisse une double appartenance ou que celle-ci reste en suspend. Quoi qu'il en soit, dans tous ces cas, le point médian fait disparaître dans son oralisation un genre au lieu d'inclure les deux. On voit la contradiction.

Le point médian présente l'inconvénient de bouleverser graphiquement la chaîne écrite, de troubler l'orthographe, et de rendre les mots imprononçables à la lecture mentale ou à haute voix : le critère de d'*intercompréhension* met en évidence ces contradictions. Brassens aurait-il dû chanter *Les amoureux.ses des bancs publics* ? Dans un magazine réputé, le chroniqueur illustre, de façon humoristique, ces confusions qui conduisent à des lectures erronées et contradictoires :

> Le 14 avril, Barbara Pompili, ministre de la Transition écologique, a reçu des *« militants engagés pour le climat »* – deux jeunes femmes et un jeune homme. Une photo a été prise pour immortaliser la rencontre, et cette photo de groupe

> a provoqué l'ire d'une ONG rivale, Youth for Climate France (« Jeunesse pour le climat France »), qui a posté sur un réseau social : *« Si certain·es veulent jouer les idiot·es utiles du ministère, grand bien leur fasse. »* Cette phrase m'a troublé. L'habitude de l'écriture inclusive fait que je glisse désormais sur les points médians. J'ai donc lu : *« Si certaines veulent jouer les idiotes utiles du ministère, grand bien leur fasse. »* Ainsi lue, la phrase prend une tout autre saveur. Elle ouvre une fenêtre sur un autre monde, un monde au féminin générique, où le collectif mixte, au lieu d'être passé au masculin, serait féminisé. Un monde peuplé de militantes courageuses et d'idiotes utiles, de vieilles conservatrices, de politiciennes[9].

Il en est de même avec le procédé d'amalgame qui consiste à fabriquer des mots par accolement des lettres qui marquent chacun des genres, comme *homosexuæl* pour « homosexuel » et « homosexuelle », *frœurs*, pour « frère » et « sœur », ou *chær* pour « cher » et « chère » ; ou bien par ajout d'un suffixe féminin à des mots épicènes dont la forme ne marque pas le genre (*colléguesse*, *ministrice*, *journalistière*) ; ou encore par ajout de la lettre « z » (*amiz*, pour inclure « amis et amies »)[10]. Outre que ces innovations rendent les mots écrits incompréhensibles (on ne les trouve pas dans les dictionnaires), prononcés, ils produisent un effet contraire à ce qui est escompté. En effet, écrire *boulangær*, *frœur*, *chær*, ne fait pas entendre que les deux genres sont associés ; on entend à chaque fois [frœre] et [chœr], comme si c'était des variantes phonétiques. De même, lorsque ces transformations s'appliquent à des mots de la grammaire, comme les pronoms, afin de conjoindre les deux genres : « ol », « al », « iel », « ille » « ul », « yel » (pour conjoindre *il* et *elle*), « céal » (pour *celui* et *celle*), « çauz » (pour *ceux* et *celles*), « toutx » (pour *tous* et *toutes*)[11], on se heurte, une fois de plus, à un problème de lisibilité, de prononciation et donc de compréhension.

Imaginons un maître ou une maîtresse d'école devant lire une dictée écrite avec des points médians : « Le Petit Nicolas a bien fait rire tou.te.s les enfant.e.s d'une génération et leur copain.es ». Les petits écoliers écriront : « Le Petit Nicolas a bien fait rire *toutes* les *enfantes* d'une génération et leur *copaines*[12] ». Une phrase écrite : « Les maître.sse.s de l'école primaire

9 *L'Obs* du 22 avril 2021.

10 Pour tous ces exemples, voir le *Guide pratique* de Mots-Clés et la *Grammaire du français inclusif* d'Alpheratz, *op. cit.*

11 Exemples issus d'Alpheratz, « Français inclusif : du discours à la langue ? », revue *Le discours et la langue* n° 11, p. 54, 59 et 70.

12 On peut rappeler que selon l'Insee, 15 % des 18-65 ans de France métropolitaine ont des difficultés à la compréhension de textes simples (9 % « fortes » et 5 % « grave »). Pour la Suisse francophone, en 2012, 12,2 % des jeunes de 15 ans avaient un niveau faible avec

sont les hussard.e.s de la République » sera prononcée : [Les *maîtresses* de l'école primaire sont les *hussardes* de la République], et ainsi transcrite. Les *maîtres* en seraient-ils exclus ? Comment réciter le *Corbeau et le renard*, s'il fallait l'écrire, comme le préconise le site *Mots-clés*[13] qui voudrait modifier en profondeur les représentations sociales et les rapports sociaux : « Le/la corbeau.elle et le/la renard.e » ? C'est pourquoi, bien des professeurs des écoles et des spécialistes de la didactique du français langue maternelle et étrangère ont tiré la sonnette d'alarme[14]. Imaginons encore que la communication orale en vienne à se substituer à la communication écrite, à l'instar des livres audio dont la diffusion concurrence le livre numérique : le point médian ne serait plus audible, et n'aurait pas de raison d'être.

Quant au secteur de l'édition, une pratique radicale de l'écriture inclusive, en féminisant tous les mots lexicaux et grammaticaux, peu d'éditeurs s'y risquent. Et lorsque c'est le cas, cela pose de vrais problèmes. En témoigne un correcteur dans ce court récit que je résume ici. Il lui avait été demandé de corriger un « opuscule appartenant à une collection militante ». Après avoir « élimin[é] une dizaine de "nœuds" d'écriture inclusive », il se voit prié de les remettre partout, l'éditeur ayant « tranché » en sa faveur. Et il lui est recommandé de suivre le *Manuel d'écriture inclusive*. Notre correcteur s'est alors employé à une nouvelle version du texte qu'il a pris plaisir à « lisser » de formules conformes à cette demande :

> « divers.e.s client.e.s de l'industrie agroalimentaire : parmi eux.elles, les meunier.ère.s », « les producteur.rice.s locaux.ales qui cultivent », « d'autres acteur.rice.s comme les "paysan.ne.s- boulanger.ère.s" » « Vous êtes soucieux.se de votre santé », « Vous êtes sportif.ve ? », « l'information du.de la consommateur.rice », « une ordonnance du.de la médecin », « acheter local auprès des petit.e.s producteur.rice.s de votre marché », « on est généralement maître.sse à bord », « Entre copain.ine.s, ce sera plus simple ».

En retour, il reçut un courrier dans lequel il lui était dit que les éditeurs avaient renoncé à utiliser l'écriture inclusive et qu'il fallait l'enlever

---

lequel, selon l'OCDE, il est difficile de suivre une scolarité harmonieuse [PISACH]. Pour la Belgique francophone, ce même chiffre était de 22,6 % en 2015 [PISABE].

13 Site *Mots-clés*, https://www.motscles.net/.

14 Voir à ce propos Manesse D., « Les grands écarts de l'écriture inclusive. Entre l'amour de la langue et l'amour de moi, moi, moi », in *La langue sous contrôle ?, revue Cités* n° 86, 2021.

partout[15]. Une fois de plus, ce n'est pas le principe de la féminisation des usages qui est en cause mais l'emploi contreproductif du point médian.

D'AUTRES SOLUTIONS

Il existe pourtant d'autres solutions pour assurer la visibilité du genre féminin, car il est bien des cas où il convient de marquer les deux genres à l'écrit : la *duplication des genres* (« le boulanger et la boulangère »), le recours à des *mots collectifs* (« candidature ») pour éviter la répétition (« les candidats et les candidates »), ou encore la *barre oblique* (« certain/es ») et les *parenthèses* (« certain(e)s »). Le premier procédé ne fait pas obstacle à la lisibilité. Il peut seulement la rendre stylistiquement « lourde », inélégante, avec, à la longue, un effet de répétition pesant. Mais on pourra toujours dire que les questions de style ou d'élégance sont subjectives et non pertinentes. Le deuxième procédé est en effet possible, mais il est des contextes dans lesquels cette substitution serait incongrue. On peut dire : « Les candidatures devront être déposées avant minuit », mais guère : « Les candidatures devront se présenter à huit heures du matin ». Tout est affaire de pertinence contextuelle.

Les procédés qui utilisent une barre oblique ou des parenthèses présentent certains avantages. Particulièrement ce dernier qui est pratiqué ailleurs et de ce fait immédiatement reconnue. Les parenthèses, dont l'histoire remonte au Moyen Âge, au moment de la création par les graphistes de signes permettent de clarifier la chaîne écrite, ont diverses fonctions selon les situations d'écriture dans lesquelles on les utilise. En mathématiques, elles sont un opérateur de *mise en facteur commun* ; elles rassemblent sous une même racine deux éléments à statut égal, et indiquent qu'une même opération s'applique à ce qui s'y trouve inclus, à parts égales : « 2 (a + x) ». Dans les textes descriptifs et explicatifs, elles permettent d'insérer au cours d'un énoncé des éléments (parfois jusqu'à un autre énoncé) qui, loin d'avoir une valeur secondaire, ont leur propre autonomie et viennent ajouter une précision nécessaire : « D'après ces personnalités politiques (pour ne pas dire les membres du gouvernement), la situation économique est stable. » Et du point de vue grammatical, les parenthèses sont encore utilisées pour préciser qu'un terme s'applique aussi bien au masculin qu'au féminin : « Un(e)

15 Yvan Gradis, 18 novembre 2020, yavan.gradis@wanadoo.fr.

inconnu(e) a laissé sous la porte une missive étrange », ou au singulier et au pluriel, comme dans le titre du film, *Maestro(s)*, de Bruno Chiche, et celui du roman de Laurent Binet, *Perspective(s)*. On pratique également les parenthèses dans les en-têtes de courrier (« Cher(e)s collègues », « Cher(e)s ami(e)s »)[16] ; les documents administratifs (« Né(e) le… ») ; les annonces d'offre d'emploi (« Cherche étudiant(e) pour service temporaire de restauration », « Cherche dirigeant(e) des ressources humaines ») ; les convocations (« Ouverture des candidatures pour un poste de *chercheur(se)* en physique nucléaire ») ; les textes de consignes, de recommandations, de serment, comme le serment d'Hippocrate : « Admis(e) dans l'intimité des personnes, je tairai les secrets qui me seront confiés. Reçu(e) à l'intérieur des maisons, je respecterai les secrets des foyers et ma conduite ne servira pas à corrompre les mœurs. »

L'argument qui dit que dans « Cher(e)s ami(e)s », la femme est reléguée au second plan, est un argument pour le moins spécieux. D'abord, il ne s'agit pas de *la femme*, mais du genre grammatical féminin. Ensuite, on aura remarqué que la marque du féminin étant un ajout à une racine, elle ne peut apparaître que dans un après (comme pour le point médian). En tout état de cause, les parenthèses n'infériorisent pas ce qui s'y trouve, elles autonomisent. On peut donc dire qu'elles constituent un véritable procédé d'*inclusion*, immédiatement reconnaissable, répondant au désir de faire cohabiter les deux genres sans perturber la lecture.

Tout est affaire d'*intelligibilité* et de *compréhension*. Ce qui contrevient à ce double critère peut exister mais en constituant un domaine à part, en parallèle à l'usage qui est partagé par les membres d'un groupe parlant une *langue commune*. Au regard de l'intelligibilité, il ne s'agit ni de « bon » ni de « mauvais » français, ni de français « élégant ou inélégant », ni même de français « normatif ». Il faut seulement que le français soit « compréhensible », immédiatement reconnaissable à l'écrit et prononçable à l'oral : *l'œil à l'oreille fine*.

Le critère d'intelligibilité ne relève pas pour autant d'une loi – bien que, on l'a vu d'après l'analyse du rapporteur public, les juges se prononcent au regard du degré de *lisibilité* et de *compréhension* d'un texte –. Il relève d'un savoir d'expérience qui lui donne force de reconnaissance empirique, vérifiable par compréhension partagée. C'est ce que le linguiste

16 Les Québécois le font couramment dans leurs formulaires.

philosophe Jean-Claude Milner nomme le *factum grammaticae* reposant sur le critère du : « Cela se dit ». Il précise : « Quand on dit "*le ciel est bleu* se dit", on parle en réalité de toutes les phrases semblables à *le ciel est bleu*. L'exemple n'importe pas par sa particularité, mais par sa généralité[17] ». Et si le sujet se trouve en présence de l'inconnu, il prononcera un jugement du genre : « Jamais (...) quelqu'un de mon groupe ne dira cela ». C'est là, d'après Milner « l'essentiel du jugement grammatical[18] », par processus de reconnaissance à partir du déjà vu-entendu récurrent. Processus de reconnaissance par les autres, car : « Dire quelque chose, c'est inclure dans son intention, l'intention qu'elle sera reconnue pour ce qu'elle est par un autre[19] », nous rappelle le philosophe Paul Ricœur.

17 Milner J.-C., *Introduction à une science du langage*, Paris, Seuil, 1995, p. 54.
18 *Ibid.*, p. 56.
19 Paul Ricœur, Préface à Decrosse A (dir.), *L'esprit de société*, Bruxelles, Mardaga, 1993, p. 7.

COMMENT SE CONSTRUIT UNE LANGUE

Norme, usage et compréhension

> La meilleure façon de défendre une langue, c'est de la parler bien, de l'écrire le mieux possible et de la lire beaucoup
> Gilles VIGNEAULT

Tout revient à se demander comment se construit une langue. Et pour cela, commencer par rappeler ce qu'est l'un des principes fondamentaux qui gouverne son fonctionnement (*le principe d'économie*), quel est le procédé qui le met en œuvre (*le procédé de neutralisation sémantique*), et quel est l'effet qu'il produit (*l'effet de polysémie*).

Mais d'abord, précisons ce que l'on entend par *langue*. Car ce terme, souvent en concurrence avec langage, peut désigner aussi bien la langue des philosophes, des poètes, des romanciers que celle des politiques, des diplomates, des publicitaires, des journalistes. Est-ce la même notion que l'on qualifie de populaire ou familière, de châtiée ou soutenue ?

Une langue se construit au fur et à mesure des usages que pratiquent les individus pour communiquer avec leurs congénères. Elle est donc le lieu où se déposent les caractéristiques de ces usages selon leur aspect phonétique (les sons), morphologique (les formes), syntaxique (les combinaisons) et sémantique (le sens). Un lieu de formes, de leurs combinaisons et du sens dont elles sont porteuses, lesquelles s'organisent en autant de systèmes formant une structure selon des rapports de différenciation (syntagmes) et d'opposition (paradigmes). C'est dans la mesure où les individus maîtrisent ces systèmes que l'on peut dire qu'ils parlent français, espagnol, italien, anglais ou allemand. On a affaire ici à ce que l'on appelle une « langue-système », laquelle est répertoriée dans les dictionnaires, pour ce qui est des mots du lexique, et dans les grammaires, pour ce qui est des mots grammaticaux et de leurs règles de combinaison. La langue-système est ainsi une potentialité, en attente d'emploi, à disposition de chaque sujet parlant. Elle n'est donc imputable d'aucune discrimination, et ne peut être taxée ni de fascisme ni de sexisme.

Cependant, la communication entre les individus se réalise toujours en situation d'échange concrète. S'instaurent alors, à force de récurrences de ces échanges, d'autres régularités qui dépendent, celles-ci, du comportement des usagers et des jugements qu'ils portent sur leurs façons de parler. Ainsi, s'instituent des façons de parler, des normes de langage, qui témoignent de « ce qui se dit » spontanément, selon les appartenances sociale, familiale, professionnelle ou régionale des individus. On a affaire à ce que l'on appelle une « langue-norme », laquelle s'exprime sous diverses tournures lexicales et syntaxiques. C'est la langue en usage selon « ce qui se dit », et qui parfois se caractérise par « ce qui doit se dire », lorsqu'interviennent certains doctes et savants pour la réglementer[1]. C'est là son aspect social.

Il convient d'ajouter cependant que tout acte de langage se réalise à l'initiative et sous la responsabilité de celui ou celle qui parle ou écrit. Il est donc le fait d'individus qui, dans leur singularité, opèrent des choix dans la *langue-système*, en reflétant, plus ou moins consciemment, ce qui est inscrit dans la *langue-norme*, et en s'employant à donner un sens personnel à ce qu'ils disent en fonction de leurs interlocuteurs, et de la situation dans laquelle ils communiquent. La signification d'un acte de langage n'est donc pas seulement dans « ce qui se dit » (norme) ni dans « ce qu'on doit dire » (règle), mais aussi dans « comment on le dit ». C'est le lieu de la « langue-discours ».

Quand nous parlons nous devons faire preuve d'une triple compétence : *linguistique*, qui témoigne de notre aptitude à reconnaître et à savoir utiliser les règles de la langue-système ; *normative*, qui témoigne de la valeur sociale de la langue-norme ; *discursive*, qui témoigne de notre propre liberté d'expression. Ces trois dimensions de la langue s'entrecroisent en permanence, et s'influencent réciproquement, certaines normes d'usage allant jusqu'à affecter les systèmes de la langue, et certains usages

1 Il faut cependant reconnaître que, si l'on excepte l'Ordonnance de Villers-Cotterêts en 1539, les interventions étatiques ont été, au cours de l'histoire, davantage des recommandations que des obligations.

particuliers arrivant, on ne sait trop comment, à s'inscrire dans une norme d'usage. Elles en assurent à la fois la stabilité et la variabilité. Et l'acte de langage que nous mettons en scène chaque fois que nous prenons la parole résulte de la combinaison de ces trois compétences. C'est là le fondement même de l'usage.

LE « PRINCIPE D'ÉCONOMIE »
Une condition de mémorisation

C'est par l'exercice de cette triple compétence que les langues fonctionnent et évoluent selon le *principe d'économie linguistique.* Ce principe, défini dans les années soixante-dix par le linguiste André Martinet qui l'appliqua d'abord au système phonétique, fut ensuite généralisé à l'ensemble des systèmes de la langue. Il est ce qui permet de résoudre les conflits entre les deux forces contradictoires qui font bouger la langue : le besoin de communiquer au moindre coût, et la nécessité de distinguer, selon un critère de *pertinence*, les éléments (phonèmes, morphèmes, mots) qui la composent pour ne point les confondre les uns avec les autres. Les systèmes phonétique, morphologique, syntaxique et sémantique de la langue se structurent selon ce principe. Ainsi, sont nés entre autres, suite au passage du latin (langue à déclinaison de cas) au français (langue à combinaison syntagmatique), les pronoms, les déterminants, les possessifs, les démonstratifs, et des règles d'accord pour rendre la phrase cohérente.

Concernant le lexique, le principe d'économie permet d'alléger la mémoire d'une surabondance de termes, s'il fallait qu'un mot désignât de façon univoque un objet du monde et un seul. Pour éviter cette surcharge mémorielle, un mot, sous un même aspect formel (ou *signifiant*), peut désigner diverses choses et donc avoir plusieurs sens (ou *signifiés*). C'est le phénomène de *polysémie.* Le même signifiant *souris* peut désigner un animal (« petit mammifère rongeur »), la partie musculaire de la viande d'agneau (« la souris du gigot d'agneau »), un appareil électronique (« la souris reliée à un ordinateur ») ; le même signifiant *œil* peut désigner une partie du visage (« organe de la vision »), la partie d'une plante (« bourgeon »), une fenêtre (« œil de bœuf »), un système optique (« œil électrique »), le centre d'un phénomène atmosphérique (« l'œil du cyclone »). À partir d'un sens premier, il se produit une série de dérivations sémantiques, qui permettent d'éviter la surcharge lexicale qui se produirait si chacun de ces sens devaient être affublé d'un signifiant particulier[2].

Le principe d'économie ne résulte pas de la décision d'une quelconque autorité. Il résulte de l'usage spontané que les sujets parlants font de la langue en ayant conscience qu'ils ne peuvent trouver ou créer un mot pour chaque désignation. Ils préfèrent laisser au contexte et à la situation d'emploi le soin de clarifier le sens, et au récepteur celui de le désambiguïser. L'énoncé « C'est vert » peut inciter un piéton à traverser la rue, parce qu'il désigne un feu de la circulation (opposé à « rouge ») ; mais il peut dissuader quelqu'un de manger un fruit qui n'est pas encore mûr.

LE PROCÉDÉ DE « NEUTRALISATION SÉMANTIQUE »

Un autre effet du principe d'économie est la *neutralisation sémantique*. Non point le *neutre*, sur quoi la discussion est ouverte[3], mais la *neutralisation*. Parmi les divers sens du verbe *neutraliser* que proposent les dictionnaires, on retrouve toujours l'idée d'empêcher une action de se produire ou un élément d'un composant quelconque de se manifester. Neutraliser, c'est donc « mettre en suspend » ; la neutralisation en est le processus. En linguistique, la neutralisation se produit lorsque est mise en suspend, dans un certain environnement phonétique, une opposition phonologique distinctive, par exemple quand on ne fait pas de distinction entre les prononciations de [e] fermé et [ɛ] ouvert ; et en morphologie lorsque par exemple un mot peut indiquer, selon le contexte, soit le féminin soit le masculin, tel le pronom *lui*[4].

---

2 Ce phénomène ne doit pas être confondu avec celui de l'*homonymie*. La polysémie se construit autour de liens sémantiques communs, alors que l'homonymie, par le hasard de l'étymologie, ne conserve aucun lien sémantique : *son* (possessif), *son* (onde sonore), *son* (résidu du blé).

3 En effet, en latin, le neutre servait à désigner des objets, et ne s'appliquait pas aux êtres humains. Mais du fait que les terminaisons latines en *-am* (féminin) *et -um* (masculin et neutre) se sont transformées, dans leur passage au français, en un seul *-e*, la racine des mots (neutre) se confond avec la forme au masculin, ce qui peut faire penser en une possible catégorisation du neutre en français.

4 Voir : Neveu F., *Dictionnaire des sciences du langage*, Paris A. Colin, 2004.

Elle s'applique aussi à l'emploi du genre grammatical. En effet, la non-distinction du masculin et du féminin se pose principalement lorsque les mots du lexique, qu'ils comportent ou ne comportent pas de marques de genre (les mots dits « épicènes »), sont employés dans un contexte à valeur générale qui a pour effet de transformer le mot en une catégorie qui indifférencie les genres. Peut-on considérer qu'un énoncé comme : « Un ministre doit fidélité à son gouvernement » concerne aussi bien les femmes que les hommes ? Peut-on considérer que dire « Le *boulanger* d'aujourd'hui n'est plus celui des années trente » ne permettrait pas de savoir s'il s'agit d'un homme ou d'une femme ? Peut-on considérer qu'un énoncé comme : « Un élève se doit d'apprendre ses leçons », ou, au pluriel, « Les élèves devront porter un uniforme », invisibilise le genre féminin sous prétexte que le genre grammatical est masculin ? C'est là qu'intervient le procédé de neutralisation.

Concernant les mots du lexique désignant des êtres animés, le processus de neutralisation a pour effet de transformer le mot et le déterminant qui l'accompagne en une entité abstraite ayant perdu certaines de ses caractéristiques sémantiques. Le mot devient alors le *représentant-type* de la diversité de ses emplois. Ainsi, dans les énoncés : « *Le patron* n'est pas plus respectable que *l'ouvrier* », « *L'enfant* a des droits mais aussi des devoirs envers ses parents », « Le Français est râleur », *patron*, *enfant* et *Français* représentent, chacun, tous les *patrons*, *enfants* et *Français*, quelles que soient leur spécificité, et donc leur genre. Ces mots et leur déterminant, bien qu'affectés du genre grammatical masculin, ne sont porteurs d'aucun genre sexué ; ils sont porteurs d'un genre dit *générique* qui abolit l'opposition masculin/féminin, et met en évidence la différence entre genre grammatical et genre sexué. Les mots *individu, personne, personnage* sont affectés tantôt du genre grammatical masculin, tantôt du genre féminin, et ils se réfèrent à une même catégorie générique « être humain ». L'énoncé « Un ministre, ça ferme sa gueule ou ça démissionne[5] » n'a pas besoin d'être précisé en « un ministre ou une ministre ». Cette généricité s'impose dans les proverbes, maximes et autres devises, comme c'est le cas de : « Chat échaudé craint l'eau froide », *chat* représentant une catégorie qui neutralise et englobe l'opposition *chat/chatte*.

5 Allusion à une déclaration devenue fameuse de Jean-Pierre Chevènement.

On trouve cette généricité à l'œuvre dans le langage philosophique qui manie notions et concepts. Le mot *homme*, par exemple, qui est voué aux gémonies lorsqu'on considère qu'il exclut les femmes, neutralise l'opposition de genre lorsqu'il est traité comme un type ou un concept : « L'*homme* est une espèce animale douée de raison » (Nietzsche) ; « Il existe une seule race d'*homme* au monde qui comporte les *noirs* et les *blancs* » (Olympe de Gouge). Ce mot, issu du latin *hominem*, dont on sait qu'il a désigné jusqu'au XVIIe siècle l'« être humain », sans considération de sexe, parce que c'était le mot *vir*, issu du latin *virilis*, qui désignait l'« *être masculin* », a fini par prendre la place de ce dernier lorsqu'il a disparu. On a donc affaire à un terme polysémique qui dans certains contextes peut prendre le genre spécifique masculin (« La parité entre hommes et femmes est nécessaire »), et, dans d'autres, le genre générique : « Chaque *homme* porte la forme entière, de l'humaine condition » (Montaigne) ; « l'homme s'est constitué dans la culture occidentale à la fois comme ce qu'il faut penser et ce qu'il y a à savoir » (Foucault). Simone de Beauvoir distingue bien ces deux emplois : « C'est au sein du monde donné qu'il appartient à l'*homme* de faire triompher le règne de la liberté ; pour remporter cette suprême victoire il est entre autres nécessaire que par delà leurs différenciations naturelles les *hommes* et les femmes affirment sans équivoque leur fraternité[6]. » C'est en s'appuyant sur cette polysémie que l'humoriste Pierre Desproges s'est permis ce trait : « Pour être femme, on n'en est pas moins homme ».

Cette généricité est également à l'œuvre dans le langage juridique et réglementaire. Car, comme l'a souligné la Commission générale de terminologie : « le sujet de droit est une personne, pas un individu ». Ainsi, dans : « Le *propriétaire* doit le toit et le couvert », *propriétaire* est un être de droit dépourvu de genre, ou, si l'on préfère, englobant les deux genres. C'est pourquoi, lorsqu'on se réfère à des textes constitutionnels, comme il en est de *La déclaration universelle des droits de l'homme*, signée à Paris le 10 décembre 1948, inspirée de la *Déclaration des droits de l'Homme et du Citoyen* de 1789[7], qui déclare : « Les hommes naissent et demeurent libres et égaux en droits »), c'est la formule « droits de l'homme » qui

---

6 Simone De Beauvoir, *Deuxième sexe*, Tome 1, Paris, Gallimard, 2014.

7 On peut préférer « Droits humains », si on estime que « Droits de l'homme » est discriminant. Mais tant que les textes officiels ne l'ont pas modifié, et dès lors que l'on s'y réfère, c'est la seconde formule qui s'impose.

s'impose avec sa valeur typifiante. Ce qui n'exclue pas que, hors cette référence, il soit toujours possible de parler de *droits humains*[8]. L'Institut national d'études démographiques (Ined) du CNRS, qui diffuse les façons d'« utiliser l'écriture inclusive dans la recherche[9] », a tort d'affirmer sans nuance que « Le masculin générique n'est pas un masculin "neutre" », et que « La théorie du genre "non-marqué", jadis utilisée par l'Académie contre la féminisation, a fait long feu[10]. ».

LA NEUTRALISATION AU SERVICE DE L'ACCORD EN GENRE ET EN NOMBRE

L'accord syntaxique est le phénomène grammatical par lequel est assurée, au long du développement de la phrase, la permanence des catégories de genre et de nombre entre les mots qui dépendent les uns des autres, à l'aide de marques propres à chacune de ces catégories. En français, l'accord syntaxique dépend de l'interprétation sémantique des mots qui gouvernent la construction phrastique. Par exemple, si un mot appartient au genre féminin, les autres qui s'y rapportent portent la marque du féminin (« Christine est contente de son voyage ») ; s'il est du genre masculin, ceux qui s'y rapportent portent la marque du masculin (« Christian est content de son voyage »).

Un problème surgit lorsque les mots qui gouvernent la phrase appartiennent à des catégories de genres différents, qu'il s'agisse d'objets ou de personnes : faut-il écrire « Christian et Christiane sont contents » ou « Christian et Christiane sont contentes » ? « Le camion et la voiture sont blancs » ou « sont blanches » ? Ce dilemme fut tranché au XVIIe siècle lorsque Vaugelas et d'autres avancèrent que « Le genre masculin, étant le plus noble, doit prédominer toutes les fois que le masculin et le féminin se trouvent ensemble[11] ». Cette formulation est malheureuse, et condamnable, si on interprète masculin et féminin comme renvoyant à des êtres sexués et non à des catégories grammaticales[12]. Pour éviter

8 Bien que du point de vue syntaxico-sémantique, on ne dise pas tout-à-fait la même chose. Voir notre *La langue pas sexiste*, *op. cit.*, p.

9 « Institut National d'Études Démographiques », Atelier doctoral, 11/12/2017, https://www.ined.fr/.

10 Ined, *op. cit.*

11 Claude Favre de Vaugelas, *Remarques sur la langue françoise, utiles à ceux qui veulent bien parler et bien écrire*, Paris, Courbé. t. I, p. 130.

12 Il y a de fortes chances pour penser que « l'air ambiant de l'époque » devait être teinté d'un certain esprit « masculinisme ». Pour nuancer ces affirmations on se reportera à

que le féminin soit invisibilisé, on propose parfois d'appliquer l'accord de *proximité* comme cela se fit sporadiquement dans le passé[13]. La chose est en effet possible, mais encore faut-il l'envisager au cas par cas. Lorsque les marques du féminin ne s'entendent pas à l'oral, l'accord de proximité au féminin ne choquera pas les habitudes langagières de sonorité (« Christian et Christiane sont scandalisées »)[14]. Mais si c'est le cas (« Christian et Christiane sont blondes »), l'accord semblera bizarre. Alors, accord grammatical de proximité ou accord sémantique de neutralisation ? Car c'est de cela qu'il s'agit. La même question se pose avec l'accord en nombre : faut-il écrire « Une bonne partie des politiques *ignore* le droit international » (accord grammatical) ou « Une bonne partie des politiques *ignorent* le droit international » (accord sémantique) ? Quoi qu'il en soit, selon toute logique sémantique, il y aura toujours discrimination : que l'on accorde au masculin, le féminin sera invisibilisé ; que l'on accorde au féminin, c'est le masculin qui sera invisibilisé. La solution réside dans l'acceptation du procédé de *neutralisation*, lequel permet de considérer qu'il existe un emploi générique des mots hors de toute distinction de genre. Ainsi la chanteuse Joan Baez peut-elle dire dans une interview : « Maintenant que mon père, ma mère, mes deux sœurs sont *morts*, je vais me confronter à tout ce passé[15] ».

La neutralisation sémantique intervient également lorsqu'il s'agit du pluriel. Le pluriel est un mécanisme qui quantifie des unités dont n'est retenu que ce qui leur est commun. Et donc si ces unités sont du même genre, masculin ou féminin, la marque du pluriel s'ajoutera aux mot masculin (« les étudiants ») ou féminin (« les étudiantes ») ; et si elle sont de genres différents, le genre n'étant plus une propriété commune, il sera neutralisé, abolissant par là-même les différences de genre. « Les *Suisses* ont voté », « Les *Français* ont manifesté », « Les *enfants* sont partis en colonie de vacances ». Chacun de ces énoncés désigne collectivement une catégorie englobant des individus qui appartiennent aux deux genres. Point n'est besoin d'alterner les genres ni de gloser : « Les Suisses et les

---

notre *La langue n'est pas sexiste*, *op. cit.*, p. 79-80.

13 On cite toujours l'unique vers de Racine dans Iphigénie qui fait un accord de proximité au profit du féminin : « Mais le fer, le bandeau, la flamme est toute prête », et quelques autres rares exemples.

14 Mais le masculin grammatical s'imposerait si l'on écrivait : « Christian et Christiane sont tous deux professeurs », *tous deux* neutralisant l'opposition de genre.

15 *Télérama* n° 3579 du 15/08/2018.

Suissesses », « Les Français et les Françaises », « Les enfants, garçons et filles ». Tout le monde comprend qu'il s'agit de la totalité des individus des deux genres. Il en est de même avec les locutions qui expriment une pluralité généralisante sur le mode « distributif ». Ainsi de la locution *tout un chacun* qui désigne une totalité d'individus de tous les genres sous l'angle de l'unité : « Tout un chacun connaît la chanson ». Le genre s'en trouve neutralisé, et il serait contradictoire d'écrire « Tout un chacune » ou « Toute un chacune ».

Affirmer de façon péremptoire que « le masculin n'est pas le neutre » relève à la fois d'une évidence et d'une confusion. D'une évidence parce que le genre grammatical masculin n'est pas autre chose qu'un genre grammatical. D'une confusion parce que le genre grammatical n'est pas le genre sexué. Si les deux peuvent coïncider par moments, il est des cas où ils sont dissociés, ne désignant pas la même chose. Dire « l'être humain » ou « le genre humain » à la place de « homme » ne change rien puisqu'on a affaire dans ces deux cas à un genre grammatical masculin englobant les deux genres sexués. Le procédé de neutralisation est sémantique, c'est-à-dire qu'il s'applique à l'indifférenciation du genre sexué. Finalement, c'est lui qui constitue le meilleur garant du phénomène d'« inclusion » et d'égalité. Le rapport de l'Institut national de la langue française (Inalf) – qui devrait faire autorité – défend également ce procédé, et l'effet de généricité qui l'accompagne :

> En ce qui concerne les animés humains, on parlera d'emploi générique, c'est-à-dire de la désignation d'une classe entière d'éléments ; plus simplement, on dira que le terme est pris dans son sens le plus général. Emploi générique en *extension*, tout d'abord. Si l'on évoque un ensemble d'individus, on suppose qu'il y a parmi eux des hommes (désignés selon le genre masculin) et des femmes (désignées selon le genre féminin). L'évocation globale doit utiliser un seul genre ; on se sert alors du masculin, qui assure la neutralisation grammaticale. C'est l'emploi très fréquent du masculin pour traduire le générique pluriel (Le latin utilisait également le masculin pluriel : *Romani*, *ueteres*, *incolae*) : « Tous les hommes sont mortels. Cette ville compte vingt mille habitants[16] »

16 « Institut National de la Langue française » (Inalf), Guide d'aide à la féminisation des noms de métier, titres, grades et fonctions, CNRS, p. 37.

LA FÉMINISATION DES NOMS DE MÉTIER
Une avancée justifiée

À l'évidence, toute société doit promouvoir l'égalité entre les hommes et les femmes. Il en est ainsi de la *féminisation des noms de métier*, question qui a fait couler beaucoup d'encre. La chose est maintenant acquise – et c'est heureux – depuis que l'Académie française, en sa séance du 28 février 2019, a adopté à une large majorité le rapport sur la féminisation des noms de métiers et de fonctions. On le doit à la Commission mise en place le 24 février 1984 à la demande d'Yvette Roudy, alors ministre des Droits de la femme, et présidée par Benoîte Groult, qui travailla à la question et rédigea un rapport remis au premier ministre. Laurent Fabius, qui occupait alors cette charge, le publia sous forme de circulaire au Journal Officiel le 16 mars 1986. Plus tard, Lionel Jospin, en sa qualité de premier ministre, promulgua en 1998 une nouvelle circulaire réaffirmant la nécessité de « recourir aux appellations féminines pour les noms de métier, de fonction, de grade ou de titre dès lors qu'il s'agit de termes dont le féminin est par ailleurs d'usage courant[17] ». Il en résulta le rapport de l'Inalf que l'on a déjà cité, et que Lionel Jospin préfaça en indiquant que :

> Le rôle du Gouvernement ne peut certes pas être en la matière d'imposer une norme : la liberté d'expression, une des libertés les plus fondamentales dans une démocratie, suppose le droit pour chacun d'utiliser la langue comme il l'entend. Mais le Gouvernement doit montrer l'exemple dans la sphère qui est la sienne, celle des services publics. Qu'une femme exerçant les fonctions de directeur d'école porte depuis plus d'un siècle le titre de directrice alors que la femme directrice d'administration centrale était encore, il y a un an, appelée « madame le directeur » atteste, s'il en était besoin, que la question de la féminisation des titres est symbolique et non linguistique[18]. »

Il faut donc leur rendre hommage, tout en rappelant que le Québec, dont on moque l'accent et qui pourtant défend le français bec et ongles, la Belgique, si artistiquement créative, et la Suisse romande, qui a l'art

17 « Circulaire du 6 mars 1998 relative à la féminisation des noms de métier, fonction, grade ou titre. »

18 Guide d'aide à la féminisation des noms de métier, *op. cit.*, p. 5.

du compromis, avaient devancé la France en la matière. Cette féminisation est tout à fait justifiée. Les métiers, les professions, changent avec le temps, et leurs dénominations doivent porter le genre des personnes qui les exercent. Désormais, rien de plus normal que les *greffière, policière, électricienne, présidente, maçonne, poétesse, docteure, chercheuse*, etc. On fera remarquer que ce rapport, qui se veut aussi un *Guide d'aide à la féminisation des noms de métiers, titres, grades et fonctions*, ne propose aucune transformation morphologique. Seulement la possibilité de féminiser les noms de métier en utilisant les déterminants et les marques habituelles du féminin selon les paradigmes existants : en *-e* (*assesseure, censeure, gouverneure, ingénieure, professeure*) ; en *-euse* (*annonceuse, chercheuse, programmeuse, receveuse*) ; en *-trice* (*conductrice, conservatrice, correctrice, rectrice, sénatrice, tutrice*), tout en hésitant sur le choix de certains suffixes, comme à propos de *auteur*, entre *auteure* et *autrice*, de *docteur* entre *docteure* et *doctoresse*.

UN EMPLOI VARIABLE

Reste la question de l'emploi de ces noms selon l'orientation des contextes dans lesquels ils se trouvent. C'est là qu'intervient de nouveau le processus de neutralisation sémantique. Car ces mots peuvent être entendus de deux façons : comme identifiant, selon son sexe, la *personne* qui est en train d'exercer une activité, ou comme déterminant l'*activité* elle-même, laquelle est dépourvue de genre sexué, ce que l'on appelle : la *fonction*. L'énoncé : « La ministre est en déplacement en province » doit donc être distingué de : « Être ministre n'est pas une sinécure ». Dans ce second cas, point n'est besoin de distinction de genre, car on retrouve là la valeur de généricité typifiante. Et la fameuse phrase, diversement citée, attribuée à Jean-Pierre Chevènement, alors ministre de la Recherche et de l'Industrie : « Un ministre, ça ferme sa gueule ou ça démissionne », si elle avait été prononcée par une femme, n'en aurait pas moins pris la forme du genre grammatical masculin neutralisé, parce que, énoncée au féminin (« Une ministre… »), elle en aurait perdue sa portée généralisante. Cela est donc affaire de contexte et d'interprétation. Shumona Sinha, femme indienne, de couleur noire, qui se revendique écrivaine, et s'exprime en français, distingue bien la qualification personnelle, de la fonction. En parlant d'elle-même, elle dit : « Une *écrivaine* est amenée à se justifier tout au long de sa carrière », et en généralisant : « Si l'on s'intéresse à l'*écrivain* selon cette définition et non en tant qu'immigré écrivant sur le territoire français, les interrogations sur ses origines ethniques deviennent caduques. » Il suffit qu'il y ait adéquation entre le mot, son contexte et la situation d'emploi. Dans un texte administratif, on écrira : « *Le greffier* est l'auxiliaire de justice le plus proche du juge », mais on pourra écrire : « Dans ce procès, c'est *la greffière* qui a lu le rapport ». Lorsqu'une qualité est attribuée à une femme, il est normal que celle-ci porte la marque du féminin : « Jane Birkin a été promue *officière* de la légion d'honneur », mais lorsque la qualification est définitionnelle, la neutralisation s'impose : « *Un officier* de la légion d'honneur doit remplir une condition de nationalité et d'honorabilité ». Et lorsque les noms de métier sont employés au pluriel avec valeur collective la neutralisation s'applique également : les *policiers, électriciens, présidents, poètes, docteurs, professeurs*, qui peuvent porter la marque du genre féminin dans certains contextes, seront neutralisés dès lors qu'ils désignent la fonction : « *Les chercheurs* sont les mal aimés des pouvoirs publics ». La fonction est comme une coquille vide qui est occupée par des individus qui disparaissent sous la coquille en tant que personnes ; le genre s'en trouve neutralisé.

Certaines femmes estiment que féminiser leur fonction dévoierait le sens de la qualification. Le rapport de l'Inalf rapporte quelques réactions de femmes qui estiment que féminiser un nom de métier revient à le dévaloriser, comme cette directrice d'un organisme de mesures scientifiques qui déclare vouloir être appelée *directeur*, et non pas *directrice* : « *directrice* a un petit côté directrice d'école, dit-elle, un peu institutrice ». Il ne faut pas balayer d'un revers de main ce que l'on appelle le « sentiment linguistique » de valorisation ou dévalorisation, cela fait partie de l'imaginaire de chacun. Mais la question n'est pas là. Elle réside dans la différence entre la catégorie de la personne (spécifique) et celle de la fonction (générique) : « Je suis "chercheur" et non pas "chercheuse", dit une sociologue, "auteur" et non pas "auteuse" ou "autrice", parce que c'est la valeur dé-singularisée de mon travail de recherche que j'offre au jugement d'autrui et pas ma vie de femme, que j'ai bien d'autres lieux pour assumer et affirmer par ailleurs[19] ». D'autres femmes récusent ce féminin estimant qu'elles font partie de la catégorie générale des écrivains : « Être *écrivain*, c'est l'un des métiers les plus en dehors des

19 Nathalie Heinich, « Le repos du neutre. Pourquoi je résiste à la féminisation des noms de métier », in *Travail, genre et sociétés*, n° 3, 2000.

contraintes qu'on puisse imaginer[20] » déclare Virginie Despente ; « Je suis un *écrivain*, pas une invectiveuse publique[21] » se défend Christine Angot ; et Nathalie Sarraute estime : « Quand j'écris, je ne suis ni homme, ni femme, ni chien[22]. »

La catégorie de la personne est attachée à l'individu, être physique et psychologique, de corps et d'esprit ; la catégorie de la fonction est une catégorie de surplomb qui désigne, à travers un statut, une activité et un rôle, toutes choses indépendantes du sexe de la personne qui l'occupe. Cela relève d'un ordre juridique, comme on l'a dit précédemment : « Un texte de droit désigne un être générique, c'est-à-dire tout titulaire d'une fonction, d'un grade ou d'un titre, et non une personne physique sexuée ». C'est bien là le rôle de la neutralisation sémantique : « Cette neutralisation du vocabulaire juridique, précise le rapport de la Commission générale de terminologie, ne saurait, en aucun cas, être interprétée comme une méconnaissance de la différence entre les sexes. Le caractère invariable de la fonction est, à l'inverse, une manière d'affirmer l'égale dignité des individus qui l'occupent[23]. »

LES HASARDS DE L'HISTOIRE

Il faut en revenir à ce que l'on apprend d'une discipline scientifique, en l'occurrence la linguistique, si l'on veut accorder quelque crédit à ce qu'est le savoir de connaissance.

Dans le passage du latin au roman, les terminaisons des cas masculin, féminin et neutre du latin se sont réduites au phonème [e], voyelle centrale du français, transcrit graphiquement avec la lettre « e ». Ce phénomène, créé par l'usage, se distingue en français des autres langues romanes qui ont maintenu l'opposition masculin/féminin à l'aides des phonèmes et lettres « o »/« a ». L'oral a précédé l'écrit qui a été la grande affaire des graphistes, avec tâtonnements et parfois contradictions. À cela se sont ajoutées des interventions successives de doctes qui, pour des raisons savantes, lorsqu'il s'agit de rappeler l'étymologie des mots, afin de créer

20 Série documentaire de Silvain Bourmeau, *Les intellectuels du XXIe siècle, dix personnalités s'expriment sur la liberté*, diffusée sur France 5, le 15 octobre 2017.

21 *Le Monde*, 18 juillet 2017.

22 *Le Monde-Livres*, 20 septembre 2019.

23 « Rapport de la Commission générale de terminologie et de néologie », https://www.culture.gouv.fr/Media/Thematiques/Langue-francaise-et-langues-de-France/.

une conscience de l'histoire de la langue, ou de construire une syntaxe, dite rationnelle, au nom d'une supposée logique de la pensée, ont imposé des formes et constructions de la langue parfois complexes. Mais du fait de cette antériorité de l'oral sur l'écrit, toute lecture se trouve oralisée mentalement, ce qui rend difficile la transformation de certains mots qui les rend inaudibles ou contradictoires. Contradictoires, car, comme on l'a vu, écrire « les étudiant.es » ne fait entendre en sa prononciation que le féminin et discrimine le masculin.

Selon le principe d'économie les mots deviennent polysémiques et, dans certains emplois, lorsqu'ils désignent des concepts au singulier ou des généralités au pluriel, ils neutralisent sémantiquement certaines de leurs caractéristiques dont les distinctions de genre. Tous ces principes sont une affaire d'usage et non pas de la décision de quelques-uns. Ainsi va le fonctionnement de la langue.

COMMENT PARLER

Vous avez dit correct ?

> Le moi est haïssable… mais il s'agit de celui des autres.
> Paul VALÉRY[1]

Le bien parler ou le mal parler, le correct ou l'incorrect sont des jugements que l'on porte sur la façon de parler des autres, à moins que ce soit les autres qui jugent votre façon de parler. Mais au nom de quoi peut-on porter ce genre de jugements ? De l'idée que l'on se fait d'un langage beau et élégant, ou, *a contrario*, laid et grossier ? Il y a des mots grossiers, certes, mais on sait qu'en réalité il s'agit moins des mots eux-mêmes que de la façon qu'on a de les employer. Ce ne sont pas tant les mots qui sont grossiers ou élégants que leur emploi. Quel homme n'a pas traité, avec hostilité ou amitié, un autre homme de con ? Quelle femme n'a pas traité, avec animosité ou tendresse, une autre femme de conne ? Il n'empêche que dans toutes les sociétés, on se fait une idée de ce que sont le bien et le mal parler, comme on se fait une idée du bien et du mal. C'est encore une affaire d'imaginaire social. Les communautés linguistiques sont traversées de divers imaginaires. De tout temps, à toutes les époques, dans toutes les cultures, les rapports entre les individus sont faits de rivalité et solidarité, de violence et de compassion, de persuasion et de séduction, au nom des valeurs qu'ils défendent. Et la langue y pourvoit. Car si, à moins d'ordonner une exécution, les mots ne tuent pas, ils peuvent blesser aussi bien que consoler.

Il ne s'agit plus seulement de savoir si l'on a affaire à un bon ou mauvais usage des structures de la langue, si on en peut accepter les diverses variantes ainsi que les emprunts à l'anglais, si l'on peut en

1 Valéry P., *Mélange*, *in* Œuvre t. 1, La Pléiade, p. 325.

modifier la forme pour la simplifier ou la rendre plus égalitaire. Il s'agit de savoir si la façon de la mettre en œuvre est conforme à l'idée que l'on se fait des bonnes mœurs et de la morale sociale. Cela ne concerne plus ce que nous avons appelé la langue-système, mais la langue dans son usage social, la langue norme, la langue-discours qui implique les individus et les rend responsables de leur choix dans la façon de parler. Nous nous trouvons donc à devoir examiner les façons de parler des individus et les jugements qui s'y attachent, en fonction des imaginaires des groupes sociaux. Par exemple, aux États-Unis, *women* sera employé lorsqu'il s'agira de mettre l'accent sur l'identité biologique, et *ladies*, lorsque l'on voudra insister sur la condition sociale, ce qui pourrait faire écho, en français, à la distinction entre *femme* et *dame*. Qu'est-ce qui est correct ou incorrect, insultant ou au contraire poli ? Et qui est incorrect, celui qui parle ou celui qui juge ? C'est toujours dans le rapport *Je-Tu* que naît le jugement. Ce qui donne sens au langage dépend des circonstances dans lesquelles parlent les gens : qui s'adresse à qui, parle de qui ou de quoi ? Quels sont les statuts et identités des interlocuteurs ? Quel type de rapport ils entretiennent ? Dans quel domaine de discussion, politique, professionnel, commercial, amical ? À travers quelle modalité de communication orale ou écrite ? Dans quel espace, privé ou public ?

DU POLITIQUEMENT CORRECT ET INCORRECT

Nous vient des États-Unis un courant de pensée nommé *political correctness* (ou *politically correct*) qui estime qu'il y aurait des façons incorrectes de parler lorsqu'on s'adresse à certaines personnes, ou que l'on parle d'elles, qu'il faudrait les corriger, voire les censurer, et les remplacer par d'autres, dites correctes. Cela concerne la façon de nommer les personnes en rapport avec leur appartenance sociale : appartenance sexuelle, ethnique ou religieuse, appartenance à un groupe communautaire jugé dominé ou discriminé, comme peuvent l'être les handicapés, les homosexuels et LGTB, ou encore, dans certains pays, les communautés indiennes. Il s'agit de ne dévaloriser personne et de respecter l'autre pour ce qu'il est. Fondement louable mais qui se heurte à certaines contradictions comme on va le voir.

Ce phénomène n'est pas récent. Il y a eu, à diverses époques, des tentatives d'uniformiser, édulcorer ou censurer le langage à des fins politiques ou sociétales. Ce furent les moments révolutionnaires voulant effacer le passé, ceux des dictatures, des systèmes totalitaires de toute obédience politique, cherchant à imposer un modèle unique de langage afin de mieux contrôler les populations, comme le montrèrent Victor Klemperer qui décrivit la *novlangue* du parti nazi, et Georges Orwell dans son *1984*[2] . Plus récemment, il tend à s'imposer dans les mouvements liés aux luttes contre le néocolonialisme, le racisme et le sexisme. En France, il s'est surtout implanté dans des milieux universitaires, en l'étendant à divers domaines, comme en témoigne les expressions « sexuellement correct », « écologiquement correct », « sanitairement correct », voire « animalement correct[3] ». Dans ces mêmes milieux universitaires, et parfois hors de ceux-ci, il clive la société entre ceux qui critiquent ces façons de parler les jugeant ridicules, inutilement conformistes, et relevant d'un acte de censure, et ceux qui les défendent au nom du respect de l'autre. On en verra les argumentaires. Parfois, lorsqu'on ne veut pas y satisfaire sans provoquer de polémique, on prend ses distances avec des formules du genre : « s'il faut s'exprimer en politiquement correct », ou en s'excusant avec un : « vous me permettrez ce politiquement correct ». Il nous faut donc tenter d'y voir clair dans cette affaire qui, au fond, oppose censure à liberté d'expression, en examinant, une fois de plus, ce que les mots du français font à la société selon leur mode d'emploi.

LES DISQUALIFICATIONS ET DÉFENSES DU POLITIQUEMENT CORRECT

Voyons d'abord les pour et les contre, et commençons par les arguments qui le disqualifie. Parmi les commentaires colportés par les médias, on entend dire de façon récurrente sous diverses formes : « On ne peut plus rien dire ! », « On ne peut plus dire ce qu'on pense », « On nous limite la liberté d'expression, on nous censure, au point qu'on ne peut même plus faire de l'humour », « On a affaire à une police de la pensée, et si l'on n'y souscrit pas, on est taxé d'antisémite ou islamophobe, de

2 Orwell G., *1984*, Paris, Gallimard-Folio, 2018.

3 On pourra se reporter au *Publictionnaire*, https://publictionnaire.huma-num.fr/.

sexiste ou transphobe. » Certains commentateurs, souvent politiquement orientés, estiment qu'il s'agit d'un « maccarthysme de gauche », d'une « tyrannie des minorités », d'une « nouvelle Inquisition », et que cette « dictature de la bien-pensance » nous mène à une « démocratie totalitaire[4] » Il court cette idée que le politiquement correct « est le sentiment que beaucoup expriment d'être en butte au quotidien à une intolérance multiforme mais omniprésente (…)[5] », comme le dit le sociologue Éric Fassin. Il s'agirait d'une parole convenue qui se veut bien-pensante, et qui par son euphémisation aseptise le langage, le rend lisse sans précision ni pertinence, ne permettant aucune discussion. La charge est parfois forte dans la mesure où cette disqualification est moquée, commentée de façon ironique au point d'élaborer des exercices de politiquement correct en mettant en regard une expression dite correcte (« demandeur d'emploi »), et la correspondante dite incorrecte (« chômeur »), soit pour devoir choisir, soit pour apprendre à décrypter l'une par l'autre[6].

Des sociologues et philosophes se montrent également critiques. Le philosophe Dominique Lecourt estime que le politiquement correct est « un moyen d'intimidation qui laisse penser qu'il existerait une pensée unique, une voie droite par rapport à laquelle nous devrions tous être jugés », ce qui *in fine* « favorise le retour de toutes les violences[7] » ; et le sociologue Raymond Boudon souligne un paradoxe : « contre l'idée reçue qui tend à imputer le politiquement correct à la tyrannie de la majorité, il résulte en réalité plutôt de la tyrannie des minorités. On le vérifie à ce que, sur bien des sujets, le politiquement correct heurte en réalité l'opinion. Car il est le fait davantage de minorités actives et de groupes d'influence que de l'opinion elle-même[8] ».

En défense du politiquement correct, on entend dire qu'il est des mots et des expressions qui stigmatisent des personnes ou des groupes pour leurs caractéristiques physiques, leur appartenance à une ethnie, une classe sociale, un métier, un genre sexuel, jugé, d'une façon ou d'une autre, inférieure. Ce

---

4 *Ibid.*

5 Fassin E., « La chaire et le canon. Les intellectuels, la politique et l'Université aux États-Unis », Persée, https://www.persee.fr/doc/ahess_0395-2649_1993_num_48_2_279133.

6 Voir à ce propos : Georges Lebouc, *Parlez-vous le politiquement correct ?*, Bruxelles, Editions Racine Lannoo, 2007 ; et Pierre Merle *Politiquement correct. Dico du parler pour ne rien dire*, Éditions de Paris, 2011.

7 Entretien Dominique Lecourt, *lefigaro.fr*, 21 octobre 2016.

8 Raymond Boudon, conférence du 29 septembre 2010. (http://www.asmp.fr/travaux/communications/2010-09-27

pourquoi il faudrait dire d'une personne qu'elle est « handicapée » ou « en situation de handicap » au lieu d'« infirme », d'une « femme de ménage » que c'est un « agent d'entretien », d'un « contrôleur de train » que c'est un « agent commercial ». Ne pas satisfaire à ce politiquement correct serait alimenter les stéréotypes qui stigmatisent les personnes, et entretenir des discriminations envers celles-ci. Il s'agirait de bien nommer les choses, et souvent est évoquée la fameuse phrase de Camus – à chaque fois modifiée – : « Mal nommer les choses, c'est ajouter au malheur du monde ». Ce mal nommer les choses participerait donc d'un politiquement incorrect.

On se trouve en présence de deux positions opposées qui peuvent être critiquées dans leur radicalité. Derrida parle d'un phénomène d'intimidation réciproque : « Dès que quelqu'un s'élève pour dénoncer un discours ou une pratique, on l'accuse de vouloir rétablir un dogmatisme ou une "correction politique". Cet autre conformisme me semble tout aussi grave. Il peut devenir une technique facile pour faire taire tous ceux qui parlent au nom d'une cause juste[9] ». Autrement dit, on se trouve en pleine contradiction comme le souligne Isabelle Barbéris qui a consacré une étude à cette question :

> Le politiquement correct est paradoxal, car il relève à la fois d'une certitude du bien (c'est le fameux « signalement vertueux », la haine vertueuse), mais c'est aussi une figure de l'incertitude qui se manifeste par la peur d'offenser, une inhibition qui ronge et émousse la pensée, la rencontre. Un alliage de violence et d'inhibition maladive. Je mets le politiquement incorrect dans le même sac : le nihilisme, le cynisme alimentent la réaction puritaine[10].

On a affaire à une opposition entre deux postures, chacune se voulant vertueuse. Celle qui défend un politiquement correct, jugé plus juste et non discriminant, au nom de l'égalité entre les individus, et de la reconnaissance des identités quelles qu'elles soient. Celle qui, acceptant le politiquement incorrect, s'élève contre un conformisme langagier jugé hypocrite, malhonnête, flou et sans saveur, et ce au nom de la liberté d'expression, d'un anti-dogmatisme, d'un parler vrai, voire d'un franc-parler au risque de la blessure. On voit que ce qui est politiquement correct pour les uns est incorrect pour les autres, et réciproquement.

---

9 Jacques Derrida, Élisabeth Roudinesco, *De quoi demain… : dialogue*, Fayard-Galilée, 2001.

10 Interview d'Isabelle Barbéris in *La Pause Philo*, 7 octobre 2021.

QUE DIT LA FORMULE « POLITIQUEMENT CORRECT » ?

Cette formule sent bien son anglicisme. Elle est le calque de « politically correct », particulièrement dans l'ordre des mots, car si, en français, il est possible d'antéposer l'adjectif ou l'adverbe, c'est à des fins stylistiques, alors qu'en anglais c'est un ordre normal. Uderzo et Goscinny s'en sont inspirés dans Astérix chez les Bretons en inversant les constructions (« C'est une romaine galère »), construction qui s'est étendue à d'autres contextes comme « positive attitude », « Rock'n'roll attitude », « bravitude attitude ».

Mais il convient surtout de se demander comment il faut entendre le « politiquement » : est-ce de façon restrictive comme ce qui concerne le domaine exclusif de l'action et du discours politique, ou de façon extensive, comme tout ce qui concerne la vie en société ? Il est évident que, d'après les emplois qui en sont faits, c'est le sens extensif qui prévaut. Quant à « correct », faut-il l'entendre comme ce qui est conforme aux règles de la langue en tant qu'ensemble de règles morphologiques et syntaxiques (*langue-système*), en tant qu'usage récurrent de « ce qui se dit », répertorié dans les dictionnaires (*langue-norme*), ou en tant qu'acte d'énonciation jugé conforme ou non à certaines valeurs (*langue-discours*) ? D'après son usage, on voit que le mot « correct » ne concerne pas la langue en tant que système mais la langue en tant que norme et discours. Dans cet ordre du discours, comme dirait Foucault[11], intervient un jugement moral : il ne s'agit pas seulement de *ce qui se dit* mais de *ce qui doit se dire*, et, par contrecoup, de *ce qui ne doit pas se dire*. Le « politiquement correct » est donc indissolublement lié à son contraire, le « politiquement incorrect ».

On est alors placé devant une autre contradiction : si on s'exprime de façon conforme à ce qui est déclaré *correct*, c'est-à-dire à *ce qui doit se dire*, alors ne pas se conformer à cette façon de dire est *incorrect*. S'oppose alors un *ce qui se dit* à *ce qui doit se dire*, car *ce qui se dit ne doit pas se dire*. Tout « politiquement correct » présuppose un « politiquement incorrect », ce qui veut dire qu'il se fonde sur un acte de *négation*.

DES CORRECTIONS DOUTEUSES

Examinons quelques uns des mots, ou expressions, qui participent du politiquement correct. Il en est de deux sortes : les mots qui sont donnés

11 Foucault M., *L'ordre du discours*, Paris, Gallimard, 1971.

comme devant remplacer d'autres jugés discriminatoires (« indigène » pour « indien ») ; les mots qui, créés de toute pièce ou empruntés, désignent des mouvements de pensée, tels le « wokisme », le « décolonialisme », la « cancel culture », l'« intersectionnalité », etc. Certains circulent plus particulièrement dans le champ du discours politique, d'autres concernent davantage le champ des discours de la vie sociale, bien que parfois ces mots participent des deux champs, parce que les problèmes sociétaux sont récupérés, voire instrumentalisés, par le monde politique. En tout état de cause, ils sont devenus des « mots qui fâchent » selon l'intitulé d'un opuscule dans lequel divers historiens, sociologues, politistes et philosophes s'élèvent contre « le maccarthysme intellectuel[12] ». Voyons quelques cas.

« Ethnie » pour « race » ?

Le mot « race » a été un des premiers à faire l'objet d'une mise en cause quant à son emploi. En 1992, déjà, s'était tenu un colloque sous l'intitulé : « Le mot race est-il de trop dans la Constitution française[13] ? » Cette question est revenue avec la montée d'une prise de conscience que des discriminations sociales touchaient des personnes appartenant à des groupements de population issus des anciennes colonies, entraînant un mouvement de revendication défendant la dignité de ces personnes. Il s'en est suivi l'apparition d'une galaxie de termes dérivés du mot *race* : *racialisation, racisation, racisme anti-blancs, racisme systémique.* Parallèlement, sont rejetés des termes jugés stigmatisants comme *nègre* ou *indien* qui sentiraient le colonialisme, termes qui devraient être remplacés par « personnes issues de la diversité » (noirs, arabes, asiatiques, métis), lesquelles, de surcroit, constituent une « minorité invisibilisée ». Il est alors recommandé d'employer le mot *ethnie* à la place de *race.*

Les dictionnaires définissent le mot *ethnie* comme désignant un « groupe d'êtres humains qui possède, en plus ou moins grande part, un héritage socio-culturel commun, en particulier la langue[14] », son origine,

12 Policar A., Mayer N. et Corcuff P., *Les mots qui fâchent. Contre la maccarthysme intellectuel*, Éditions de l'Aube, 2022.

13 Colloque organisé les 27 et 28 mars 1992 par l'Université de Paris XII-Val de Marne, sous le double patronage du Ministère de la culture et de la communication, et du Ministère de la recherche et de la technologie.

14 CNRTL.

du grec *ethnos*, étant plus large puisqu'il désignait « toute classe d'êtres d'origine ou de condition commune ». Le mot *race*, lui, est comptable de diverses définitions que l'on pourra consulter dans les dictionnaires : sens dit vieilli lorsqu'il désigne un « ensemble des personnes appartenant à une même lignée, à une même famille, particulièrement réservé aux personnes d'origine noble et à la lignée des rois de France » ; puis sens plus extensif d'« ensemble de personnes ayant entre elles des caractères communs importants » permettant de parler de « race humaine » et d'« espèce humaine ». Il prend aussi un sens particulier selon les disciplines scientifiques : en biologie, il désigne une « subdivision de l'espèce fondée sur des caractères physiques héréditaires, représentée par une population (*sélection de races*) » ; en anthropologie, un « groupement naturel d'êtres humains, actuels ou fossiles, qui présentent un ensemble de caractères physiques communs héréditaires, indépendamment de leurs langues et nationalités (*race blanche, jaune, noir*) » ; en zoologie, la « division de l'espèce, représentée par une population, à caractères constants, spécifiques, originaux et héréditaires (*race bovine, canine, chevaline, porcine*) ». Dans l'usage contemporain courant, les emplois sont divers, mais d'une façon générale le mot désigne un groupe de personnes se caractérisant par des mêmes traits culturels, civilisationnels, et même parfois biologiques : *race africaine, asiatique, arabe, occidentale*, ou *race française, germanique, celtique*, etc.

On voit que les mots *ethnie* et *race* ne sont pas à mettre sur le même plan sémantique. Le premier détermine un groupement d'individus de façon naturelle en raison d'une communauté de culture et de langue, alors que le second est déterminé par des caractères biologiques et morphologiques liés à des ancêtres communs, et cela indépendamment de la culture, même si parfois les deux sont liés dans une perspective idéologique. Donc le mot *ethnie* n'est pas plus correct que le mot *race*. Il est simplement différent ne désignant pas la même chose[15]. Cependant, si l'on se réfère à l'histoire contemporaine, on ne peut nier que, au vu des génocides perpétrés au nom d'une appartenance raciale, il y ait un problème avec l'emploi de ce dernier, qui se trouve alors accompagné de l'idée que certaines races sont supérieures à d'autres. Le mot devient alors une notion à bannir.

15 Voir à ce propos Devriendt E., Monte M. et Sandré M., « Analyse du discours et catégories "raciales" : problèmes, enjeux, perspectives », *revue Mots* n° 116, 2018.

Lors du colloque ci-dessus cité, était débattue la question de savoir si « la présence du mot *race* dans la Constitution n'avait pas des effets de légitimation inverses de ceux voulus par la loi fondamentale de la République ». Se firent entendre des points de vue différents montrant le *paradoxe*[16] qui s'attache à cette notion, car dire : « sans distinction de race », c'est nier une hiérarchie entre les races et affirmer l'égalité devant la loi, mais c'est en même temps présupposer leur existence. Et donc, supprimer ou occulter le mot *race*, c'est s'empêcher d'avoir une notion à combattre, car, comme le disent les juristes, « si vous supprimez le mot de la Constitution, comment poursuivre le racisme ? ». Employer le mot race, c'est laisser entendre qu'existent des individus appartenant à un groupe défini comme s'il s'agissait d'une essence immuable, déterminée par des caractères biologiques jugés inférieurs. On se trouve donc, en tant que sujet parlant, dans une situation bloquée entre le mot « race » qui est frappé d'indignité, et celui d'« ethnie » qui ne désigne pas les êtres de la même façon que le précédent. Reste la possibilité de ne pas en faire un point de fixation et de s'en remettre à la pertinence du contexte, de la situation de communication et du type de relation que celui qui parle entretien avec son interlocuteur. Son emploi ne devrait pas poser de problème dans les domaines de spécialité (zoologie, biologie, anthropologie) ; dans des emplois métaphoriques, positifs (« la race des seigneurs »), ou négatif (« cette engeance, c'est une race de vipère »), pour les animaux (« la race des rongeurs », « un chien de race »). Quant à son dérivé « raciste », il s'impose avec évidence. En fait, si ce mot ne portait pas avec lui le poids d'une certaine histoire, ce n'est que dans le contexte « sale race » qu'il serait offensant. Mais quel mot ne porte pas le sens d'une histoire ?

« Noir » pour « nègre » ?

Corrélativement à cette notion, le mot *nègre* est lui aussi frappé d'interdit par le politiquement correct, car lui aussi porte le poids d'un passé peu glorieux, celui de la « traite des nègres ». Pourtant le mot a été lui-même revendiqué par des grands penseurs de la civilisation africaine tels Aimé Césaire qui se reconnaît « de la race de ceux qu'on opprime »,

16 Bonnafous S., Herzberg B., Israel J.-J., *Sans distinction de … race*, revue Mots n° 33, décembre 1992, p. 17.

et crie haut et fort : « Nègre je suis, nègre je resterai », créant par la même le concept de « négritude ». Il sera repris par Léopold Senghor et plus tard revendiqué à son tour par le théoricien du post-colonialisme, Achille Mbembe qui écrit un livre intitulé *Critique de la raison nègre*. On pourrait, malgré tout lui préférer le mot « noir » qui n'a rien de péjoratif en soi et qui est une façon de distinguer les individus des pays africains par des traits de leur phénotype, comme le mot « basané », qui en son origine fait allusion à la couleur de la peau de mouton et qui est attribué aux gens des pays arabes, le mot « jaune », que les Occidentaux attribuent aux asiatiques en raison de la couleur de leur peau, ou « rouge », pour certaines populations indigènes des territoires d'Amérique du Nord, en raison de leur teint cuivré et peut être aussi, nous disent les dictionnaires, en raison « de la terre ocre rouge qu'ils employaient pour leurs peintures de guerre ».

Ces populations sont certes « issues de la diversité » comme on l'affirme en politiquement correct, mais encore faut-il pouvoir les distinguer et les désigner. Or, si remplacer *nègre* et *noir* par « homme de couleur » et surtout « personne de couleur » évite peut-être de rappeler une histoire de la colonisation entachée de rapports de supérieurs à inférieurs, ces derniers rendus à l'esclavage, et a l'avantage de rappeler qu'il s'agit d'êtres humains, ces mots ont l'inconvénient de rester dans le flou, puisque les asiatiques, les indiens, les africains et les arabes ne sont pas considérés comme « blancs », et que du même coup on considère que « le blanc » devient la référence par excellence.

Le mot *black* fait lui aussi partie des mots employés à la place de nègre. L'emprunt à une langue étrangère donne l'impression qu'il est vide de connotations péjoratives. En outre, il présente l'avantage d'évoquer la lutte des afro-américains pour la reconnaissance de leur dignité et leur émancipation (« Black Panthers »). Mais il faut considérer qu'il s'agit là du point de vue français, parce que le mot black a aussi été employé aux États-Unis de façon péjorative.

Une fois de plus, il s'agit d'une question d'emploi et de contexte. J'ai déjà raconté la déconvenue du fabricant de parfums, Jean-Paul Guerlain, qui fut condamné pour injure raciale à 6.000 euros d'amende par le tribunal correctionnel de Paris. Je la rapporte ici parce qu'elle illustre bien que la valeur des mots dépend du contexte dans lequel ils sont employés. Le 15 octobre 2010, dans le cours d'une émission télévisée de France-2, la journaliste Élise Lucet demande à ce grand parfumier comment il en était arrivé à créer des parfums. Il répond en racontant qu'il s'était évertué, pour séduire une femme, à trouver des combinaisons de senteurs et en faire un parfum. Il déclare alors : « Pour une fois, je me suis mis à travailler comme un nègre. Je ne sais pas si les nègres ont toujours tellement travaillé, mais enfin… ». Suite à quoi, la Licra (Ligue internationale contre le racisme et l'antisémitisme), le MRAP (Mouvement contre le racisme et pour l'amitié entre les peuples) et SOS Racisme lui firent un procès en diffamation. Le tribunal a jugé que, pour la première phrase, il n'y avait pas diffamation et il a été relaxé ; mais pour la seconde, il a estimé que l'injure raciale était avérée. Cela montre que le tribunal a bien compris la différence qu'il y a entre l'emploi d'une expression toute faite (« Travailler comme un nègre ») dont la caractéristique est que les éléments qui la composent perdent leur valeur sémantique d'origine au profit d'un sens global (*l'intensité*), et la glose qui en a été faite (« Je ne sais pas si les nègres ont toujours tellement travaillé ») qui, dans un contexte libre, redonne aux mots leur valeur sémantique d'origine, en l'occurrence péjorative, et en fait un énoncé insultant.

« Indigène » pour « indien » ?

Il est proposé, dans le cadre du politiquement correct, de remplacer *indien* par *indigène* parce que le premier sentirait l'héritage de la colonisation. Là aussi, on peut estimer que le terme *indien* évoque plus d'une histoire sombre de l'élimination ou soumission des populations autochtones rencontrées dans les Amériques lors de la découverte de ces territoires : les indiens de l'Amériques du nord, nommés peaux rouges, exclus et parqués dans des réserves lors de la conquête ; ceux de l'Amérique latine éliminés, ou, à tout le moins soumis. En première instance, le terme *indien* désigne les « habitants originaires de l'Inde », et ce n'est que postérieurement qu'il a été employé pour désigner les populations originaires des Amériques, parce que les navigateurs du XVe siècle pensaient être arrivés aux Indes. *Indigène* désigne d'abord « ce qui est originaire d'un pays » pouvant s'appliquer aussi bien aux animaux qu'aux végétaux, et aux êtres humains originaires du pays où ils habitent. Puis, il s'est précisé en « habitants d'un territoire avant d'être colonisé ». En cela, *indigène* peut se substituer à *indien* lorsqu'il s'agit d'insister sur un état d'existence de la population avant le processus de colonisation. Ce terme est d'ailleurs revendiqué en Amérique latine au point d'en dériver le concept d'*indigénisme* comme forme de pensée se manifestant dans l'activité littéraire et artistique de ces pays, mais en y incluant l'ensemble d'une population mixte.

Cependant, un nouveau problème apparaît lorsque cet *indigénisme* est repris par des mouvements identitaires (les *Indigènes de la République*) en l'étendant à tout « traitement des minorités issues de la colonisation dans la société contemporaine ». Cette assimilation produit ce que certains nomment un « anachorisme », c'est-à-dire le décalage appliqué à l'espace, comme l'anachronisme s'applique au temps. Car les processus et conséquences des colonisations des XIXe et XXe siècles survenues dans les territoires africains et indiens par les nations européennes ne sont pas comparables. Difficile de mettre dans le même panier les génocides perpétrés dans les Amériques, l'expulsion des Arabes et Juifs d'Espagne après la reconquête chrétienne, les colonisations et guerres d'indépendance des pays d'Afrique du Nord et d'Afrique sub-saharienne.

Si les études « postcoloniales » sont tout-à-fait justifiées comme champ de recherche, il convient de ne pas amalgamer des réalités sociales et socio-historiques différentes, d'autant que, par exemple, l'*indigénisme* n'est point victimaire en Amérique latine. Il est même revendiqué comme marque propre de culture, alors qu'il prend un tour péjoratif en France. Quoi qu'il en soit, il est bien difficile de faire des distinctions entre les différentes termes *indien, indigène, autochtone* (ce dernier s'est généralisé à divers emplois) et *aborigène* (plus souvent employé à propos des populations sud-africaines) qui ont tous pour point commun : « personne originaire du territoire où elle habite ».

« Personne de petite taille » pour « nain » ?

Faut-il cesser d'employer le mot *nain* et le remplacer par « personne de petite taille », « personne en situation de handicap » ou « personne à verticalité contrariée », comme il est proposé de remplacer *sourd* par « déficient auditif » ? Le mot *nain*, issu du latin *nanos*, est défini par les dictionnaires comme « personne d'une taille excessivement petite ou atteinte de nanisme ». Il est ensuite employé dans divers contextes comme qualificatif désignant une *petite taille*, sans que cela s'accompagne d'un sens péjoratif : « rosier nain », « poule naine », « arbre nain ». La question qui se pose est de savoir si ce mot est toujours porteur d'une connotation négative qui stigmatiserait la personne que l'on désigne.

Scientifiquement et médicalement, le « nanisme » est bien reconnu comme handicap ou maladie. L'APPT (Association des Personnes de Petite Taille) le reconnaît, dans son site, en indiquant que l'origine de l'anomalie est multifactorielle, due à des anomalies constitutionnelles du cartilage ou de l'os. Elle précise qu'il faut distinguer deux types de nanisme, les « nanismes proportionnés et les nanismes disproportionnés[17] ». Dans d'autres contextes, ce terme souffre tantôt d'une connotation négative, tantôt de connotation positive, et cela, selon la façon que l'on choisit de les interpréter.

Avec sens négatif, on peut relever cette pratique de foire, de bars et autres lieux festifs de spectacle, appelée le « lancer de nain », qui consiste à lancer un nain, protégé par un casque le plus loin possible à l'aide d'une catapulte. Cette attraction jugée, à juste titre, indigne et discriminatoire est interdite en France depuis 1995, et au Québec selon certaines conditions[18]. On relèvera également que ce mot est parfois confondu avec celui de *gnome*, désignant dans les récits du Moyen un être soupçonné d'avoir commerce avec le diable. En raison des croyances mortuaires païennes, cet être a mauvaise réputation et est diabolisé par l'Église médiévale. Enfin, il peut se faire que, dans l'usage courant, le mot soit parfois employé pour qualifier une personne de façon péjorative en signifiant sa faiblesse, son impuissance ou sa nullité.

Il peut aussi bénéficier d'une connotation positive, mais avec une certaine ambivalence. Pour les Romains, par exemple, posséder un nain, était une marque de richesse, et les rois aimaient à s'entourer de nains jouant le rôle de bouffon de la Cour dont ils appréciaient le franc-parler, une liberté de parole qu'ils jugeaient salutaire. Dans la modernité, c'est surtout dans les contes de fée, popularisés par les dessins animés de Walt Disney, particulièrement *Blanche-Neige et les Sept Nains*, que le mot apparaît dans toute son ambiguïté : voilà des petits personnages, qui sont des adultes parce qu'ils travaillent comme mineurs, mais en même temps se comportent comme des enfants joueurs, colériques et

17 Voir le site de l'*APPT*, https://www.appt.asso.fr/.

18 Voir l'article 10 de la Charte des droits et libertés de la personne.

fantasques, servant de faire valoir à une Blanche neige qui tient un rôle de mère.

L'APPT préfère la dénomination « personne de petite taille » comme le dit l'acronyme de l'association, parce que, estime-t-elle, le mot *nain* est porteur de stéréotypes, clichés et aprioris à connotation négative suggérant des incapacités ou des déficiences. Il est vrai que l'emploi du mot *personne* redonne de la dignité, ce que n'évoque pas le mot *nain*, et de plus il évite l'effet d'essentialisation que peut produire ce mot employé dans certains contextes. Cependant, l'expression n'est guère explicite. Car toute petite taille ne correspond pas nécessairement à l'état de nanisme. Elle ne spécifie pas le degré de petitesse. De plus, l'emploi du mot *petite* n'évacue pas la caractéristique du handicap, alors que *nain* le laissait dans l'implicite. Cette expression n'est donc pas axiologiquement neutre. D'ailleurs, il en est qui valorisent l'état de nanisme et n'hésitent pas à utiliser ce mot, comme le fait l'ouvrage de Michela Marzano et Sylvie Huet, intitulé *Nains et alors ?* Son quatrième de couverture nous interpelle : « Qui peut dire qu'il ne s'arrête pas, ne serait-ce qu'un instant, en croisant un nain dans la rue ? Qui peut assurer qu'il voit alors une personne comme les autres, simplement plus petite que la moyenne[19] ? » Une fois de plus, tout est une question de choix des mots et expressions en contexte, et de l'interprétation que l'on peut faire des intentions de celui qui parle. Les mots prennent une connotation positive ou négative selon qui les prononce, et leur condition d'emploi.

« Personne en surpoids » pour « obèse » ?

Le terme *obèse* se trouve dans une situation similaire à celle de *nain*. Les dictionnaires le définissent comme : « Qui est d'un embonpoint excessif. » (CNRTL), et « [Qui est] atteint d'obésité. Qui est excessivement gros, énorme. » (Robert). Sont proposés comme adjectifs synonymes : « gros, bedonnant, gras, massif, ventru, surcharge pondéral. » Ici aussi existe un groupement associatif, le CNAO, « Collectif National des Associations d'obèses », qui lutte contre l'obésité.

Comme pour *nain*, c'est l'emploi substantif comme désignation d'une personne affectée d'obésité qui pourrait faire problème par son effet d'essentialisation (« C'est un obèse »). Pourtant, le mot est inscrit dans

19 Marzano et Huet M., *Nains et alors ?*, Buchet-Chastel, 2007.

l'intitulé de l'association, et le monde scientifique et médical reconnaît l'obésité comme une maladie et soigne les obèses. Les médias continuent d'employer le mot *obèse* comme qualificatif : « Plus d'un milliard de personnes sont aujourd'hui obèses » ; « les États-Unis font partie du trio des nations comptant le plus grand nombre de personnes obèses… » (*Le Monde*) ; « Les complications existent chez les enfants obèses » ; « La mère du jeune garçon, elle-même anciennement obèse, a bénéficié d'une chirurgie bariatrique (dite "de l'obésité")[20]. »

À la différence du mot *nain*, il n'est pas d'emplois d'*obèse* avec un sens positif. Les emplois renvoient tous à l'idée d'anomalie, de handicap et de personne en souffrance. C'est pourquoi, pour éviter une stigmatisation de ces personnes sont proposées d'autres manières de désigner cet état : « personne en surpoids » ; « personne en situation d'obésité », « personne grosse » ; « personne en surcharge pondérale ». La formule la plus courante, « personne en surpoids » a l'avantage, comme on l'a vu à propos de *nain*, que le mot *personne* rappelle qu'il s'agit d'un être humain qui a droit à sa dignité. Cependant, le mot *surpoids* pose problème parce qu'il ne désigne pas de façon stricte l'état d'obésité, pour lequel le monde médical utilise des critères précis qui lui permettent de distinguer deux états : « Chez les moins de 18 ans, l'*obésité* et le *surpoids* se mesurent à l'aide de l'indice de masse corporelle ». L'APOP, pour sa part, précise bien qu'il peut y avoir des enfants en *surpoids* qui ne sont pas *obèses*, en indiquant que les confinements de 2020 ont favorisé le basculement de certains enfants dans le surpoids et l'obésité. La formule ne dit pas quel est le degré à partir duquel on passe de l'un à l'autre.

On ne voit pas, dans ce cas, de formulation satisfaisante, car même le terme *surpoids* suggère, par la présence du préfixe *sur*, un excès susceptible d'être mal interprété. Quant à l'expression « surcharge pondéral », elle est trop technique pour être popularisé. Alors, lorsqu'il ne s'agit pas de dénomination médicale, reste le recours à l'emploi d'autres mots euphémisants comme *rondouillard*, *bien en chair*, *massif*, *bedonnant*, ou, comme aurait dit Obélix, *enrobé*, à condition de les employer avec bienveillance. Mais dans ce cas, ce n'est plus l'anomalie que l'on désigne.

20 *L'Obs* rapportant les propos de l'APOP (Association de Prise en Charge et de Prévention de l'Obésité en Pédiatrie).

« Suicide assisté », ou « aide à mourir » pour « euthanasie » ?

La fin de vie, on le sait, est un sujet délicat à traiter. Le projet de loi sur « l'aide à mourir » divise les élus et la population entre aller le plus loin possible dans la liberté de choisir sa fin de vie, et ne pas ouvrir cette possibilité au suicide assisté, voire à l'euthanasie. Pour ce qui concerne le politiquement correct-incorrect, sont en concurrence les dénominations : « euthanasie », « suicide assisté », « aide à mourir ». Derrière ces mots, il y a des actes, mais il est intéressant de prendre en compte les arguments qui soutiennent ces dénominations.

Pour une partie des médecins et des soignants en soins palliatifs, l'emploi de l'expression « aide à mourir » masque ce que désigne l'expression « suicide assisté » qui n'est rien d'autre qu'une forme d'« euthanasie[21] ». Le mot *euthanasie* qui, en son origine gréco-latine, désigne une « mort douce », qu'elle soit naturelle ou provoquée, a été employé pour désigner l'acte de « donner délibérément la mort à un malade (généralement incurable ou qui souffre atrocement) » (CNRTL). Ce sens qui dénote un esprit d'aide et de soulagement, s'est malheureusement étendu à l'action pratiquée dans tous les génocides, qui consiste à supprimer de façon volontaire « les sujets tarés », afin de satisfaire des supposées exigences collectives ; on parle dans ce cas d'« euthanasie sociale ou eugénique ». Autant dire que ce mot, comme celui de race, est fortement marqué de façon négative par l'histoire. Il s'oppose dans ce cas à ce qu'est la mission du soignant, quel qu'il soit, soumis au serment d'Hippocrate, lequel, depuis l'Antiquité, engage les jeunes étudiants devenant médecin à en respecter les obligations morales et éthiques, toutes choses qui s'opposent à la mort :

> Au moment d'être admis à exercer la médecine, je promets et je jure d'être fidèle aux lois de l'honneur et de la probité. Mon premier souci sera de rétablir, de préserver ou de promouvoir la santé dans tous ses éléments, physiques et mentaux, individuels et sociaux.

Cependant, le professeur Régis Aubry, membre du Comité consultatif national d'éthique, estime que :

---

21 Voir *Le Monde*, 14-03-2024.

> La formule n'est pas claire et qu'il s'agit d'un euphémisme. Il serait plus explicite de dire que le projet de loi autorise l'« assistance au suicide ». Cette expression signifie que la personne serait elle-même autorisée – sous certaines conditions – à s'administrer le produit létal, sauf à ce qu'elle ne puisse pas physiquement accomplir le geste. Dans ce cas, un tiers pourrait l'assister dans la prise de la substance[22].

Cela ne justifie pas pour autant l'euthanasie car, ajoute le professeur, « contrairement à l'euthanasie, qui suppose que le geste létal soit accompli par un soignant, l'assistance au suicide respecte l'autonomie de la personne. Le fait de laisser le malade lui-même faire le geste permet de s'assurer qu'il a réellement la volonté de mourir et de lever tout doute sur son ambivalence ultime[23]. »

Dans un débat autour de cette question, également nommée « aide active à mourir », s'opposent divers arguments. Aider à mourir n'est pas tuer et donc ce n'est pas, pour les soignants, transgresser le serment d'Hippocrate, bien que certains disent que c'est « de la cruauté déguisée en miséricorde[24] » ; ne pas répondre à un appel de détresse, c'est « se rendre coupable de non-assistance à personne en danger[25] ». Ce n'est pas non plus contrevenir au « Tu ne tueras point » des croyants puisqu'il s'agit de retrouver Dieu. De même, la formule « aide au suicide » ne devrait pas être comprise comme *attenter à ses jours*, mais comme une aide au libre choix de mettre un terme à des souffrances. Un collectif de sociétés savantes, pense *a contrario* que cette « aide à mourir » cache un modèle permissif : « On risque effectivement d'étendre indéfiniment l'application de l'aide active à mourir ou de l'euthanasie, parce qu'il n'y aura pas de limite à la demande ainsi encouragée[26] ». Pour Pierre Manent, l'aide à mourir s'opposerait à la Loi fondamentale, celle « qui interdit de tuer », quelle que soit l'instance qui l'édicte (Dieu, la Nature, la Raison), [et qui] constitue notre humanité[27] »

On voit, au regard de ces arguments pour et contre, que ce qui est en cause, finalement, n'est pas l'expression elle-même, et que même si elle masque l'histoire délétère que comporte le mot euthanasie, c'est la

22 *Ibid.*
23 *Ibid.*
24 *ibid.*
25 *Ibid.*
26 *Ibid.*
27 *Ibid.*

signification et les conséquences de l'acte qui est en cause, ce qui veut dire que le politiquement correct n'a ici aucun pouvoir.

LES MOTS PIÉGÉS : L'AMBIVALENCE DISCURSIVE

On pourrait multiplier les cas considérés comme incorrects et leurs pendants dits corrects. Les *sans abri* au lieu de « clodo » ou « SDF » ; les *gay* au lieu de « pédé », à quoi s'ajoutent les *LGBT* et *transgenre* ; les *frappe aérienne* ou *chirurgicale* au lieu de « bombardement » ; le *gardien d'immeuble* au lieu de « concierge ». Tous ces mots, expressions et formules sont cependant piégés, parce que la plupart du temps ils désignent une réalité autre. Le mot *antisionisme*, par exemple, lorsqu'il se substitue à « antisémitisme » est inexact parce qu'il ne cible pas la même catégorie de positionnement idéologique, le premier désignant le mouvement qui s'oppose aux extrémistes de la religion juive, le second ciblant l'ensemble d'une population. Les expressions « restructuration d'entreprise », « réduction du personnel », « plan social » ou « plan de modernisation » ne peuvent remplacer la notion de *licenciement*, car elles ne font que masquer l'action, dramatique pour les intéressés, qui en est le résultat, à savoir une rupture de contrat qui laisse les employés sans travail. De même, « agent (de service) commercial (de bord) » ne peut remplacer la notion de *contrôle*, car c'est masquer sa véritable fonction qui consiste à contrôler et éventuellement sanctionner les voyageurs. La formule « geste commercial » est ambiguë, parce qu'elle peut être interprétée de façon positive lorsqu'il s'agit de réparer l'erreur d'une société ou d'une entreprise, de façon négative, et même contradictoire, si elle veut masquer un « pot de vin ». Quant à « travailleurs issus de l'immigration » pour éviter de dire *immigrés* ou *migrants*, il ne permet pas de distinguer les différentes catégories d'immigrés, les persécutés politiques, le réfugiés économiques ou de guerre, les demandeurs d'asile, les personnes en détresse, les êtres humains en déshérence, etc.

Aucun mot, aucune expression n'est à priori correct ou incorrect. Des mots peuvent naître porteurs d'une valence négative (*Salaud* : « Homme méprisable, moralement répugnant ») ou positive (*Bonjour* : « Formule de politesse »). Mais c'est leur valeur en contexte d'emploi qu'il faut considérer, car c'est lui qui donne au mot sa valence : « Ah, mon salaud, il y a longtemps qu'on ne s'est vu ! », aura une valence positive entre amis ; « Bonjour les dégâts ! », quand il s'agit de consommation d'alcool, une valence négative. Cela incite à être prudent et à ne pas traiter les expressions en soi, sans prise en considération de la situation de communication. La question qui se pose alors, avant tout jugement sur le bien fondé de toute nouvelle forme de parole substitutive, dite *correcte*, est de savoir, en comparant les deux manières de dire, ce qu'elle désigne de plus, de moins ou de différent.

LE POLITIQUEMENT CORRECT, UN DISCOURS DE NÉGATIVITÉ

Si l'on considère le politiquement correct du point de vue des mots et expressions qu'il faudrait employer en lieu et place d'autres existants, jugés péjoratifs, on dira qu'il correspond à un discours de *prescription* qui devient *proscription*. La prescription, qui n'est pas tout à fait un ordre (mais peut le devenir), n'est pas obligation de dire mais conseil, et même incitation à faire, comme l'est la prescription médicale. Mais dans la mesure ou la prescription doit se substituer à une autre façon de dire, au nom de la morale, elle devient proscription, c'est-à-dire interdit, un interdit de dire par abolition, suppression, effacement de ce qui se dit, comme le formule explicitement le mouvement de la « cancel culture » (*culture de l'effacement*).

Nous voilà dans le cas d'un discours de *négativité* : une négation de discours qui ne se manifeste pas nécessairement par une négation de langue, peut même s'exprimer sous une forme affirmative qui cependant s'accompagne dans son implicite d'un *refus de dire* ; bref, une négation qui présuppose l'existence d'un dire qu'il faut rejeter. Qualifier l'attaque du Hamas contre Israël, le 7 octobre 2024, de « crime de guerre », c'est refuser de la qualifier d'« acte terroriste » ; parler de « massacre de population », c'est ne pas vouloir prononcer le mot « génocide » ; annoncer une « restructuration d'entreprise », c'est éviter d'employer le mot « licenciement » ; dire de quelqu'un qu'il est en « surcharge pondéral », c'est ne pas vouloir le désigner comme « obèse », etc.

On se trouve alors en compagnie d'autres mots et expressions qui reposent sur cette même négativité. Dans le monde politique ou celui du marketing, la *langue de bois* qui emploie des formulations désignant les personnes et les événements de façon floue, ou des explications alambiquées, stratégie de détournement pour ne pas avoir à répondre de façon directe à des questions qui dérangent. Elle est jugée contraire « au "parler vrai", au "parler cash", au "franc-parler", et à différents types de paroles marqués par l'authenticité, l'honnêteté, la sincérité[28] ». Le *tabou* comme refus de nommer ce qui, en son origine, est considéré sacré. Freud le définit comme « un sujet malséant d'évoquer pouvant peser sur la conscience collective ou individuelle ». Il devient ce qu'il ne faut point nommer, et, plus généralement, ce qu'il convient de ne pas dire par crainte de « mal se faire voir », une sorte d'autocensure. Le tabou est frappé d'interdit, il est une sorte de déni de réalité. Il y a aussi, on l'a dit, la *novlangue*, cette langue dont parle Victor Klemperer, une langue simplifiée lexicalement et grammaticalement, porteuse de mots nouveaux ou détournés de leur sens originel, afin de créer une forme de pensée unique évitant toute possible critique. Une langue, précise Orwell, qui s'institue en « néoparler », dont le

> vocabulaire était conçu pour permettre une formulation exacte, voire subtile, de toute idée qu'un membre du Parti puisse vouloir émettre, à l'exclusion des autres, et ce y compris par des voies détournées. Les mots se distribuaient en trois catégorie : le vocabulaire À recouvrant le lexique ordinaire que tout le monde emploie, mais avec uns sens restrictif de sorte que les mots expriment « un concept et un seul » ; le vocabulaire B comprenant des mots fabriqués sur mesure à des fins politiques « (...) forgés de surcroit pour imposer l'attitude mentale souhaitable à leur utilisateur » ; le vocabulaire C constitué « des termes scientifiques et techniques proches des termes scientifiques en usage aujourd'hui, mais avec la préoccupation habituelle des les définir étroitement et de les expurger de tout sens indésirable[29].

Le risque est donc que dans nos conversations et nos écrits, s'immisce une *novlangue* édulcorée, uniformisante. Enfin, on ne peut oublier la *censure*, un acte par lequel on interdit par avance, ou on condamne après coup, une parole, un écrit ou une œuvre. Ce peut être par l'intervention d'une institution dont l'autorité s'appuie sur une raison législative, une loi édictée au nom d'une valeur morale (supprimer le mot « race » de la constitution), ou sous la pression d'une opinion collective. La sanction sera judiciaire ou s'exercera par l'expression de l'opinion collective.

Car le politiquement correct se fait entendre dès lors que la parole devient publique, de façon directe ou indirecte. Dans les rapports privés, les offenses, les insultes les stigmatisations restent dans le cadre de la relation interpersonnelle, n'ayant d'impact que sur les interlocuteurs.

---

28 Consulter le *Publictionnaire*, *op. cit.*

29 Orwell G., *1984*, Gallimard-Folio, 2018, p. 375 à 390.

Elles pourront être récusées dans la conversation, on pourra reprocher au locuteur son manque de respect, mais elles ne peuvent être dénoncées comme politiquement incorrectes. C'est dans l'espace public qu'elles seront jugées correctes ou incorrectes et qu'elles pourront être traitées en justice si elles font l'objet de plaintes. Il semble que l'on retrouve ici les *mots-mana* que Roland Barthes définit, rappelons-le, comme : « un mot dont la signification ardente, multiforme, insaisissable et comme sacrée, donne l'illusion que par ce mot on peut répondre à tout ». Des mots qui semblent tout dire, qui s'imposent de façon absolue, avec la particularité, dans le cas du politiquement correct, de comporter de façon implicite, un « ne pas voir », « ne pas dire », « ne pas reconnaître » : une sorte de dénégation comme refoulement d'un certain savoir. Dès lors, avec le politiquement correct, il n'y aurait plus de parole littéraire, à la Céline ou à la Genet, que convenue ; plus de poèmes, comme *Voyelles* de Rimbaud, plus de chansons, comme *Ces gens-là* de Jacques Brel, qu'édulcorés ; plus d'œuvres surréalistes iconoclastes qui ont tant remué le monde artistique et lui ont ouvert de nouvelles perspectives sur la façon de nommer le monde.

Un mot, dès qu'il apparaît, qu'il est partagé, qu'il circule entre les membres d'une communauté, ne s'efface jamais. Il sera plus ou moins employé, il sera marqué par une époque et pourra être oublié, ou être à la mode et employé à l'envi. Il sera classé dans la catégorie des mots familiers, grossiers, argotiques, techniques, selon les cas, et ainsi qualifié dans les dictionnaires. Parfois même, il sera frappé d'indignité et d'interdit et deviendra un mot tabou. Mais le mot existe, et personne ne peut l'effacer, comme on l'a constaté à propos du mot *race*. Dès que nous arrivons au monde, nous sommes confrontés à des mots. Il semblerait même que la chose commence *in utero*, dans le ventre de la mère. C'est là, la première confrontation avec la vie. C'est avec les mots que commence notre destin d'être humain.

Reste que ce qui fait sens dans un acte de langage dépend, on ne cessera de la répéter, des choix qu'opère le sujet parlant, en fonction des contraintes de la situation de communication sociale dans laquelle il se trouve, et de ses propres intentions. Pour ce qui concerne le politiquement correct, il convient de distinguer ce qui est de l'ordre de la convention sociale, configurée, marquée, répétée à l'identique, et ce qui est de l'ordre de l'attitude individuelle dépendant des choix de celui qui parle. Dans ce mouvement de va-et-vient entre contraintes sociales et singularité du sujet qui parle ou écrit, se joue en permanence la liberté d'expression.

L'HUMOUR COMME ANTIDOTE AU POLITIQUEMENT CORRECT

La question de la liberté d'expression nous conduit tout droit à l'humour, acte de langage transgressif s'il en fut. C'est sa raison d'être non négociable. Il est là pour faire voler les tabous en éclats, briser le miroir des conventions sociales, casser les jugements bien pensants, s'en prendre aux idées reçues de toutes sortes, et faire découvrir l'envers du monde. Les humoristes y souscrivent, et savent que pour que l'humour ait un impact, il doit frapper très fort : « un coup de poing dans la gueule » disait Cavanna, le créateur d'*Hara-Kiri* et de *Charlie-Hebdo*. L'humour est excessif. Il peut être attendrissant mais aussi outrancier. Il fait rire les uns, il scandalise les autres. C'est ce qui a fait dire à l'humoriste Pierre Desproges : « Oui, on peut rire de tout, on doit rire de tout. De la guerre, de la misère et de la mort », tout en ajoutant « C'est dur de rire avec tout le monde ». C'est là que le bât blesse pour le politiquement correct qui veut éviter toute agression verbale à l'endroit d'autrui. Tout humoriste est politiquement incorrect, par définition, ce qui lui vaut, parfois, d'être assigné en justice.

En France, la justice protège l'humoriste, dès lors, comme le dit la jurisprudence, que l'on perçoit « l'absence de sérieux », que « le message humoristique, aussi "choquant" soit-il, [ne cherche pas] à nuire, de sorte qu'il dégénère "dans l'insulte ou la calomnie" », et que « il ne cache pas un discours idéologique[30] ». Ainsi, l'acte humoristique peut prendre pour cible une personne en visant son appartenance à un groupe ethnique, religieux, politique, ou à une quelconque catégorie sociale. Sont alors utilisés, parfois à front renversé, les stéréotypes qui s'attachent à ces catégories. La cible peut être aussi une idée, un système de pensée, une religion, une idéologie politique, des valeurs sociales, et c'est alors qu'apparaissent les tabous et autres valeurs sacrées qui deviennent objet de moqueries.

Ainsi, Guy Bedos a-t-il pu faire, avec sa complice, Sophie Daumier, un sketch intitulé *Vacances à Marrakech*, dans lequel il semblait stigmatiser

30 Voir Basile Ader « Les "lois du genre" du discours humoristique », in Charaudeau P. (dir.) *Humour et engagement politique*, Limoges Lambert-Lucas, 2015, 183-195.

les Arabes, alors qu'il se moquait des touristes français ; ainsi, Desproges a-t-il pu commencer un de ses spectacles en lançant : « On m'a dit qu'il y avait des Juifs dans la salle », puis, dans un sketch humoristique au Musée Grévin, décrire les juifs avec « les lobes des oreilles pendants, les doigts et le nez crochus ». Patrick Timsit, de son côté, se permet, en scène, d'ironiser sur les Juifs : « Hitler, il nous aurait adorés, nous les sépharades, on lui aurait dit de pas aller en Pologne, c'est bourré d'ashkénazes ». Nicolas Bedos, dans une chronique humoristique, ose qualifier les guadeloupéens d'« autochtones oisifs » et « enculés de nègre ». Smaïn, toujours en scène, imite un raciste « Hein, je suis pas raciste, mais moi quand je vois un Arabe, j'ai peur, mais moi, j'vous l'dis, j'ai peur ». Patrick Timsit, encore, sur les handicapés : « On peut en rire, mais ça coûte cher. Pour les nains, l'amende est moitié prix. ». Proust, en scène, sur les femmes : « Aux heures de pointe, dans le métro à Paris, le nombre de salopes ! Bon assez parlé d'amour ». Ces humoristes n'ont pas été condamnés, et cela au nom de ce que l'on peut appeler le « contrat humoristique » qui instaure une situation dans laquelle les personnages mis en scène sont là « pour faire rire », et les spectateurs, pour rire. Hors du cadre humoristique, ces saillies seraient considérées comme racistes, outrageantes, antisémites, sexistes, et feraient probablement l'objet de condamnations pénales. Cependant, si ces humoristes n'ont pas été condamnés, c'est au nom de la jurisprudence qui les reconnaît comme exerçant leur profession dans le cadre d'un spectacle d'humour, non sérieux, permettant un moment de libération iconoclaste, ce qui les dédouanent de « l'intention de blesser ». Et lorsque les humoristes sont poursuivis par des associations qui défendent les idées et les personnes pour leur appartenance religieuse, ethnique, sexuelle, ou d'handicap, ils sont relaxés dans la plupart des cas au titre de leur statut d'humoriste.

C'est en s'appuyant sur cette jurisprudence que, le 18 avril 2024, le parquet de Nanterre a « décidé, après étude des éléments du dossier », de classer sans suite la plainte qui visait Guillaume Meurice, « les infractions dénoncées ne semblant pas suffisamment caractérisées ». Celui-ci, rappelons-le, le dimanche 29 octobre, lors de sa chronique dans l'émission « Le Grand Dimanche soir », diffusée par la station de radio, France Inter, s'était lancé dans un inventaire des déguisements pour faire peur à l'approche de Halloween, et avait dit : « Alors, en ce moment, il y a le déguisement Netanyahou, qui marche pas mal pour faire peur. Vous voyez qui c'est ? Une sorte de nazi, mais sans prépuce. » Malgré le déchaînement des réseaux sociaux et des plaintes auprès du parquet de Nanterre pour « provocation à la violence et à la haine antisémite », il ne fut pas condamné. Le discours humoristique est toujours à contre-courant, il nous piège dans un jeu de connivence et se présente comme emblématique de la liberté d'expression.

C'est le paradoxe dans lequel nous place le politiquement correct. L'humour, lorsqu'il s'adresse, non plus à une personne, mais à un public, par définition hétérogène, composé d'individus de sexes différents, d'âges différents, de milieux sociaux différents, de cultures différentes, se heurte à la diversité des interprétations et des réactions. Peut-il se permettre de ridiculiser des personnes, quand on sait que détruire une image peut blesser douloureusement ? Peut-il se permettre de lever des tabous quand on sait que les peuples ont besoin d'idéal et même de sacré ? Doit-il pour autant s'interdire de renverser la table des conventions sociales bien pensantes en faisant rire ? Doit-il s'empêcher de dénoncer les abus de pouvoir et de moquer les grands de ce monde au risque de se voir traîner devant les tribunaux ? Qu'est-ce qui est le plus correct ?

DE L'INSULTE, DE L'INJURE, DE L'OFFENSE

Dans l'esprit du politiquement correct, il convient d'examiner ce qu'est l'insulte, ses différentes figures, ses conditions d'emploi, ses effets[31]. L'*insulte*, qui en son origine latine (*insult, insultus*) signifiait *soulèvement, sédition*, a fini par prendre le sens d'*attaque verbale* à l'endroit d'une personne[32]. Le mot *injure* est souvent employé de façon équivalente : « on fait injure à quelqu'un », « on injurie quelqu'un », comme « on insulte quelqu'un ». Il y apparaît cependant une légère différence. L'injure procède de l'acte de jurer qui signifiait originellement « prêter serment », puis « en appeler à une autorité sacrée » pour conforter la véracité de son propos : « Je jure que c'est vrai, Dieu m'en est témoin ». Les exclamations telles que « Merde ! » et autres « Nom de Dieu ! »

---

31 Voir : Rosier L., *Petit traité de l'insulte*, Loverval, Ed. Labor, 2006.

32 Dictionnaire historique de la langue française, 1994.

ne s'adressent pas directement à une personne : ils invoquent. Mais lorsque l'injure s'adresse à une personne, présente ou absente, en touchant chez celle-ci, par quelque chose qui concerne sa dignité ou son intégrité morale[33], elle s'apparente à l'insulte. L'injure, selon la loi (loi de 1881, article 29, al.2), « ne renferme l'imputation d'aucun fait ». Elle toucherait plutôt l'appartenance des individus à un groupe ethnique, religieux, sexué (injure raciste, injure antisémite, injure sexiste), alors que l'insulte semble toucher plus particulièrement les caractéristiques psychologiques des personnes. Cependant, dans l'usage courant, la distinction est rarement marquée.

Il est encore d'autres termes dans cette même lignée. *L'outrage*, depuis les romans de chevalerie du Moyen Âge, signifie « ce qui porte atteinte à l'honneur », et plus tard, par extension, ce qui touche un titre, une fonction, un comportement ou un objet possédant une valeur symbolique. On parle d'« Outrage à magistrat, au drapeau, aux bonnes mœurs ». L'outrage est donc le résultat de l'acte par lequel on porte atteinte à une symbolique à travers une personne, un groupe ou un objet qui en sont les porteurs. C'est ce que dit le code pénal (art. 434-5 et 434-24). *L'offense* est proche de l'outrage puisqu'il existe juridiquement un délit d'offense au Président de la République[34], mais elle s'en distingue par un emploi plus extensif d'atteinte à la dignité de la personne quel que soit son statut. « Vous me faites offense » est alors proche de « Vous m'insultez ». Mais elle est juridiquement associée à outrage. La *diffamation* touche, comme le dit la racine du mot, la réputation (*fama*) d'une personne en la salissant et en la divulguant : c'est porter atteinte à sa réputation. La *calomnie* est de la même aune, mais avec la précision que « l'accusation verbale est mensongère[35] ». Quant au *blasphème* qui est dans cette même ligne sémantique, il est nettement orienté vers une puissance supérieure sacrée. Prononcer un blasphème, c'est rendre Dieu coupable ou aller contre sa volonté. Le blasphème, à la différence de la diffamation qui peut s'appliquer à toute personne ou un groupe

33 Robert Edouard a répertorié des injures et jurons dans son *Dictionnaire des injures*, Paris, Tchou, 1973, en proposant un mode d'emploi (« manuel du savoir injurier »).

34 Voir Beaumatin E., « Le trait "privé"/"public" en matière d'injure et de délits connexes : Remarques linguistiques sur une distinction du droit français », in Desmons E., Paveau M-A., *Outrages, insultes, blasphèmes et injures : violences du langage et polices du discours*, Paris, L'Harmattan, 2008, p. 76.

35 Voir *Le Petit Robert*, édition 2009.

d'humains, est réservé au domaine religieux. Certains pays ont inclus le blasphème dans le code pénal comme délit, ce qui n'est pas le cas de la France[36]. On s'en tiendra ici à *insulte, injure* et *offense* qui partagent l'adresse à une personne avec effet de dénigrement.

QUAND LES MOTS OFFENSENT-ILS ?

Il y a certes des mots qui sont nés avec une valence négative, dépréciative, parfois répertoriés comme grossiers[37], comme l'indiquent les dictionnaires sous les mentions variables de *arg.* (argot), *gros.* (grossier), *vulg.* (vulgaire), et qui deviennent insultants, injurieux, lorsqu'ils qualifient des personnes : « salaud-salopard, con-connard, putain-putasse ». Mais d'autres ne le deviennent que précédés de l'expression essentialisante *espèce de…*, *sale…*, *fils de…* : « espèce de sale prétentieux ! » « Fils de ta mère ! ». Cependant, il est des mots qui, malgré leur apparence négative, peuvent prendre, lorsqu'ils sont employés dans certains contextes, un tour affectif positif : « Ah, mon salaud, il y a longtemps qu'on ne s'est vu ! » lancé à un ami cher ; « Viens, ici, sale petite frimousse ! » adressé par une mère à son enfant barbouillé de chocolat ; « Écoute, petite crapule » lancé avec un sourire par un adulte à un jeune ; « Ah, le bâtard ! » s'envoient les adolescents entre amis. Affaire de génération, les jeunes de notre époque peuvent se traiter de « bâtard » en marque d'amitié, alors que, dans d'autres contextes, ce qualificatif attribué à une personne sera très humiliant. Lors d'une enquête, ces mêmes ados qui considéraient que les expressions du genre *fils de pute* étaient condamnables, ont déclaré, lorsqu'on leur fait valoir qu'eux-mêmes les emploient : « Là, ça compte pas, c'est pour déconner, on plaisante entre nous sans penser à mal[38] ». Les exclamations du genre « Putains, con ! », récurrentes dans le langage du Sud-ouest de la France, n'ont guère de sens insultant. Et *La ronde des jurons*, chantée et revendiquée avec attendrissement par Brassens, ainsi que les jurons prononcés par le Capitaine Haddock ne seront pas considérés comme injurieux. Pour autant, tous les mots n'ont pas vocation à cette ambivalence, et on verra difficilement que des mots comme *connasse*, *enculé*, *poufiasse*, soient employés avec un sens affectif.

---

36 Il est inscrit dans le code pénal espagnol.

37 Voir à ce propos : Guiraud P., *Les gros mots*, Paris, PUF, coll. « Que sais-je ? », 1975.

38 Voir in Desmons É., Paveau M-A. (dir.), Outrages, insultes, blasphèmes et injures : violences du langage et police du discours ? Paris, L'Harmattan, 2008.

Il faut aussi prendre en compte le fait qu'on n'insulte pas seulement avec des mots grossiers et violents. Des mots, apparemment neutres du point de vue de leur valence, peuvent être employés dans des contextes qui leur font exprimer menace, accusation, dénigrement ou humiliation. Dire à quelqu'un : « Tu ne changeras pas, tu seras toujours pareil ! », « Tu n'as pas les yeux en face des trous ! », « Vous ne savez que répéter toujours la même chose ! », ou « Ça ne va pas la tête ! », peuvent être tout aussi insultants que « Connard ! », « Sale con ! » ou « Salope ! ». Des phrases apparemment anodines peuvent avoir un effet humiliant. Dans les rapports familiaux : « T'es bonne à rien ! », « Tu t'es vue avec cet accoutrement ? », « Comment ai-je pu faire un enfant comme toi ? » ; « T'as toujours été plus lent que ta sœur » ; « Tu es impossible ! Si j'avais su j'aurais pas fait d'enfant[39] ». Dans les rapports professionnels : « C'est de votre faute, vous ne savez pas tenir votre classe ! » ; « On se demande pourquoi vous avez été mise à ce poste ». L'emploi d'un mot grossier ou insultant n'est pas le seul moyen d'insulter ou de dénigrer une personne. Tout dépend, une fois de plus, de qui prononce ces mots, à l'adresse de quelle personne, dans quelle situation. L'emploi d'un mot désignant une catégorie sociale peut être dénigrant si l'on fait allusion au sens stéréotypé qu'il véhicule. Il suffit de dire : « Ça, c'est bien un intellectuel, un flic, un politique », ou « Tu es bien comme toutes les femmes », pour comprendre que ces mots sont dotés d'une connotation négative, et qu'ils auront un effet tout aussi humiliant que des qualificatifs grossiers. On connaît la liste des mots qui, passant au féminin, deviennent insultants : une *professionnelle*, une *entraineuse*, une *femme publique*. Mais ce n'est que dans leur emploi au substantif, avec un effet essentialisant, car on peut féliciter une femme d'être une vraie professionnelle, la décrire comme une entraîneuse de l'équipe de football féminin, préciser que c'est en tant que femme publique qu'elle s'est exprimée.

PEUT-ON ÉVALUER LA VIOLENCE DES MOTS ?

Il est difficile de se prononcer sur le degré de violence des différentes expressions jugées injurieuses car, répétons-le, la force des mots dépend pour leur effet des contextes d'emploi, de qui les prononce, de qui les

39 Voir « Violence verbale : ces phrases qui peuvent marquer à jamais vos enfants », http://www.europe1.fr/.

reçoit, dans quelle situation. On ne peut accorder *a priori* un degré de violence aux mots. Tantôt, ce sont d'autres mots, comme *sale* et *espèce de*, qui donnent de la force au qualificatif qui suit. « Sale crétin ! » et « Espèce de crétin ! » seront plus violents que le simple « Crétin ! ». Le premier (« sale ») oriente dès le départ le qualificatif insultant vers un pôle négatif. Le second (« espèce de ») indique que la qualification insultante attribuée à l'interlocuteur ou l'interlocutrice est présentée de façon essentialisante, un procédé de généralisation qui tend à classer la personne insultée dans une catégorie qui la définit avec évidence de façon définitive, comme le signale Roland Barthes : « (...) la vraie violence, c'est celle du *cela-va-de-soi* : ce qui est évident est violent, même si cette évidence est représentée doucement, libéralement, démocratiquement ; (...) le "naturel" est en somme *le dernier des outrages*[40]. » Et lorsque la catégorie visée relève de l'appartenance ethnique, on a affaire à un *procédé de spécificité*[41], fondement de l'injure raciste : « La puissance de l'injure provient du fait qu'elle prétend rendre compte de la *spécificité* de l'autre[42] ».

Tantôt, la force de l'injure est attribuée par celui qui la reçoit et la juge. Ainsi de cet ami qui déclare accepter qu'on le traite de « con ! », de « gros con ! », de « sale con ! », mais ne supporte pas qu'on le traite de « petit con ! » qui, selon lui, exprime le *summum* du mépris. *A contrario*, un père peut traiter son fils de « petit con » sans que celui-ci le ressente comme humiliant, du moins selon la relation qu'ils entretiennent entre eux. L'inverse serait vraisemblablement plus difficile à accepter par le père. Quoi que, on a entendu des enfants (garçons et filles) traiter leur mère de « maman casse-couilles », avec attendrissement, sans que celle-ci s'en offusque. En la matière, les appréciations sont diverses. Par exemple, celle, déjà rapportée dans un autre écrit, de la magistrate, Françoise Martres, présidente du syndicat de magistrats, qui, auditionnée par la 17e chambre du tribunal correctionnel de Paris à propos de l'affaire dite du « Mur des cons » sur lequel étaient affichées des photographies de diverses personnalités signalées comme étant des « cons », déclara pour se défendre : « (...) ce n'est pas l'ignominie dont on nous parle

40 *Roland Barthes par roland barthes*, Seuil, 1975, p. 88.

41 Largueche É., *L'effet injure. De la pragmatique à la psychanalyse*, Paris PUF, 1983, p. 69 et *sq.* Lire également : *L'injure à fleur de peau*, Paris, L'Harmattan, 1993.

42 Nancy Huston, *Dire et interdire*, Paris, Payot, 1980, p. 94.

tout le temps. Et "con", ce n'est pas non plus l'injure suprême[43]. » Ainsi doit être prise en compte l'identité, ou le statut, de la personne qui se considère insultée. On se rappellera ici le fameux « Casse-toi, pauv'con ! » que Nicolas Sarkozy adressa, le 23 février 2008, lors de sa visite officielle au *Salon de l'agriculture*, à un agriculteur qui avait refusé sa poignée de mains. Cette réplique est insultante à l'endroit de l'agriculteur invectivé, et guère digne d'un Président de la République. On peut cependant imaginer que si les rôles étaient inversés, il aurait pu être question d'outrage à la fonction du chef de l'État. Considérant l'identité sexuelle, est-ce que, pour un homme, traiter une femme de « Salope ! » ou de « Conne ! », est plus ou moins insultant qu'une femme traitant un homme de « Salaud ! » ou de « Con ! » ? S'agissant de la classe d'âge, qu'est-ce qui est plus offensant, un jeune disant à une personne âgée : « Vieux pépère, va au cimetière », ou une personne âgée traitant un jeune de « Petit con ! » ?

L'acte insultant ou injurieux se joue à trois, entre un locuteur qui insulte, l'interlocuteur qui en est témoin, et la cible qui est insultée. Il s'agit donc de juger au cas par cas la teneur de la possible insulte, et particulièrement, comme pour le politiquement correct, si elle est énoncée dans un rapport interpersonnel, circonscrit à l'espace privé, ou proférée dans un espace public. Dans ce dernier cas, pour juger de sa teneur et de son effet, il faut prendre en considération la nature identitaire du locuteur, celle du public auquel il s'adresse et celle de la personne, ou du groupe, visée. Lorsque l'insulte fait l'objet d'une plainte auprès des tribunaux, ceux-ci, pour déterminer la nature de l'offense, considèrent si l'insulte s'adresse à une personne *ès qualité* représentant une communauté d'intérêt, « chargée d'une mission de service public dans l'exercice de sa mission, et de nature à porter atteinte à sa dignité ou au respect dû à la fonction dont elle est investie[44] » ; si c'est le cas, elle sera qualifiée d'*outrage*. La justice sanctionne différemment une injure personnelle, dite « non publique », qui est passible d'une amende de 38 euros (art. 621.2 du code pénal), alors qu'une injure, dite publique, est, elle, passible d'une amende de 12.000 euros (art. 33 el.2).

---

43 *Le Monde*, du 6 décembre 2018.

44 *Code Pénal*, 2007, art. 433-5.

L'INSULTE SELON LES CULTURES

Juger de l'atteinte à la dignité d'une personne insultée dépend des imaginaires sociaux propres à chaque société qui guident les habitudes et coutumes culturelles. Plus généralement, le jugement que l'on peut porter sur les manières de parler des individus dépend de la façon dont, dans chaque culture, sont conçus les rapports interpersonnels, les relations sociales, leurs ritualisations, et la valeur qui est accordée aux mots, tout ce qui se trouve à la source des tabous et des stéréotypes. Les actes d'injure, d'insulte ou d'atteinte à la dignité de la personne, ne sont pas perçus ni vécus de la même façon. L'interpellation de rue, par exemple, n'est pas jugée de même manière selon les pays. Dans certains pays du sud de l'Europe (Espagne, Italie), les hommes se permettent de lancer à des femmes des compliments (*complimento* en Italie, *piropo* en Espagne) comme un jeu ritualisé sans suite ni conséquence aucune. En Italie, un « Ciao, moi c'est Giorgio…Ma…Tu es belle comme la tour de Pise[45] » n'est pas dérangeant, du fait que les gens se parlent et se lient facilement lors des rencontres de rue, durant la *passegiatta* (le *paseo* en Espagne), et dans les terrasses de café. Mais il faut dire que, dans ces pays, les relations sociales sont conçues et vécues de façon très familières, les gens s'adressant facilement la parole dans la rue ou les transports en commun sans raison particulière, et se tutoyant sans même se connaître. Il y a comme un désir d'être ensemble qui n'existe pas dans tous les pays[46].

En revanche, dans certains pays d'Amérique latine, comme le Mexique, l'Argentine et le Brésil, on conçoit difficilement de manifester explicitement un désaccord, ou d'exprimer un refus vis-à-vis de son interlocuteur, ce qui incite le locuteur à trouver des formules ambigües faisant pratiquement disparaître la négation de refus. L'expression du désaccord ou du refus, peut être considérée comme insultante, alors que ce n'est pas le cas dans d'autres pays qui, au contraire, valorisent le rapport direct, la « franchise », dit-on. Dans un cours sur l'ironie, qu'il me fut donné de faire, montrant le côté durement critique de cette figure de rhétorique, les Brésiliens présents crurent voir là une caractéristique du comportement des Français. En étudiant avec eux un corpus de cas

---

45 Voir : Les statistiques qui montrent comment, en Italie, se font les rencontrent de rue et les relations professionnelles, in *L'Obs* n° 2801, 12/07/18.

46 Voir le reportage sur « La drague dans le monde », in *L'Obs* n° 2801, 12/07/2018.

d'ironie au Brésil, ils se rendirent compte que la figure d'ironie était également pratiquée dans leur pays, mais en prenant pour cible un tiers, et jamais l'interlocuteur. Prendre celui-ci comme cible de l'ironie leur paraissait hautement agressif, alors qu'entre Français cela paraissait monnaie courante.

En France, les relations sociales du quotidien sont davantage distantes. On n'interpelle pas n'importe qui dans n'importe quelle situation si ce n'est pour demander son chemin ou l'heure. Et donc, toute interpellation (« Psst ! », « Mademoiselle ! », sifflements et autres exclamations) est à priori considérée inconvenante, dérangeante, voire menaçante. Cela participe, d'après Michel Serres, d'un désir de ne pas être dérangé en public : « (...) dans la rue ou dans les transports, j'ai envie qu'on me laisse tranquille[47] », écrit-il. À l'inverse, une certaine propension du Français à critiquer et à faire des commentaires ironiques peut être mal perçue par un étranger qui y voit là une attitude arrogante. Une Québécoise raconte ce qui lui paraît arrogant dans le comportement des Français. Visitant l'Arc de triomphe à Paris, en pleine chaleur du mois de juillet, et s'étant déchaussée, elle est interpellée par une femme policière qui lui dit : « Madame, remettez vos chaussures, s'il vous plaît ». « C'est correct » reconnaît l'amie québécoise. Mais la policière ajoute : « On n'est pas ici à la plage ! ». Voilà qui est particulièrement « insultant » à ses yeux : une façon de « faire la leçon », comme le ferait un adulte à un enfant. Ainsi les Québécois traitent-ils les Français de « maudits baveux », expression qui signifie « donneur de leçon ».

Aux États-Unis, les choses sont encore plus exacerbées, du moins dans les universités. Il y est question de « micro-agression », théorisée par un psychologue, Derald Wing Sue, qui distingue des *micro-assauts* (actes de discrimination intentionnels, comme les inscriptions islamophobes), des *micro-insultes* (compliment qui souligne inconsciemment l'appartenance ethnique de l'autre), et des *micro-invalidations* (dénégation de la souffrance historique du groupe minoritaire). Ces listes font l'objet de chartes pour les enseignants, et permettent aux intéressés qui se considèrent victimes de discrimination de procéder à des dénonciations. Ainsi, on ne peut demander à une personne de « couleur noire » quelle est son origine par la question : « Vous êtes d'où ? », car ce serait lui rappeler sa

47 Voir : M. Serres, in *Le Monde*, 12-13/08/18.

différence par rapport à une population blanche[48]. Nous voilà revenu à l'assignation d'être politiquement correct. On voit l'importance de la composante culturelle pour juger de la teneur d'une offense. On ne s'étonnera pas – sans l'approuver pour autant – que les caricatures danoises de Mahomet n'aient provoqué aucune réaction d'indignation dans les pays laïcisés, alors qu'elles ont déclenché scandale et révolte dans les pays musulmans qui, ne séparant pas le politique du religieux, les ont jugées blasphématoires. Des mêmes mots peuvent avoir un effet de connivence, ici, d'agression, là.

DU DÉNIGREMENT AU DÉFOULEMENT

L'insulte, l'injure, l'offense, l'outrage font partie, dans toutes les cultures, des rapports sociaux, en s'y manifestant de diverses manières, explicites ou implicites, directes ou indirectes, avec des mots dont les uns portent la marque d'une certaine violence, et d'autres sont anodins, au point que, comme le soulignent les psychanalystes, n'importe quel signifiant, dans des circonstances précises, peut être une marque d'insulte dont le fond se trouverait dans le « nom du père[49] ». On ne sait s'il faut se rendre à cette explication, mais ces mots, qu'il soient prononcés froidement ou sous l'impulsion de la colère, sont quelque part la marque d'un rapport sinon de supériorité, du moins de désir de maîtrise de l'autre : les offenses entre personnes en position de pouvoir ; les invectives entre intellectuels pour détenir la vérité ; les insultes entre politiques pour disqualifier l'adversaire ; les stéréotypes dénigrants à l'adresse de l'autre-étranger pour marquer sa supériorité culturelle ou civilisationnelle[50].

Mais comme en toute affaire de relation sociale, les rapports peuvent s'inverser, les mots jouent alors un double jeu : ils dénigrent, mais en même temps ils permettent de transgresser, sous couvert d'humour, les visions « bien pensantes » du monde, pour le meilleur ou pour le pire ; ils agressent et en même temps créent des connivences. Leur ambivalence est constitutive des façons de parler. C'est ce que souligne, dans

48 Voir, à ce propos, le reportage publié dans *Le Monde* du 1er décembre 2018.

49 « Lacan dit que l'insulte est le premier et puis le dernier mot », in J.-A. Miller, *Le Banquet des Analystes, L'Orientation lacanienne*, cours de 1989-1990.

50 Voir à ce propos : Dornel L., « L'insulte xénophobe en France au XIXe siècle », in *L'Insulte (en) politique. Europe*, *op. cit.* p. 117.

les pages d'un journal[51], une chroniqueuse qui découvre que, dans les réseaux sociaux, un internaute faisait, en toute impunité, des blagues plus ou moins salaces, jusqu'à ce que les messages de « ≠metoo » et « ≠balancetonporc » le culpabilisent en le reléguant dans la catégorie des « mecs lourds au paternalisme lubrique ». Elle suggère alors : « Il ne faudrait pas qu'avec le relou (le lourdingue) disparaisse *in fine* toute possibilité de transgression dans la sphère du discours, [car] la blague lourde peut avoir des vertus socialement décontractante et doit être pratiquée, à parts égales par les femmes et les hommes. Dans le cas contraire, l'intelligence amputée de la connerie n'aurait plus aucune respiration et deviendrait un diktat suffoquant[52]. » Que ferions-nous sans jurons, injures et insultes ? Comment exprimer nos moments de colère, d'indignation et même de mépris de l'autre si on le juge ainsi ? Une langue doit permettre ces mouvements d'humeur, parce que la vie en société est faite de rivalités et de conflits dont il faut pouvoir expulser les pulsions émotionnelles afin, ensuite, de les apaiser.

DE LA POLITESSE ET DE L'IMPOLITESSE

On en vient alors à s'interroger sur ce que pourrait être, non pas un comportement politiquement correct, mais tout simplement la politesse. La politesse n'est pas, elle non plus, exempte d'ambiguïté, et elle ne se manifeste pas seulement quand on emploie des mots codés, tel le mot « bonjour » qui ne suffit pas pour se montrer poli et peut même signifier une fin de non recevoir.

En français, on dispose de deux mots proches mais distincts : *politesse* et *courtoisie*. Le premier est issu du latin *polito* qui signifie « lisse, propre », et passe au XVIe siècle par l'italien *pulitezza* qui signifie « propreté, élégance physique ». À partir du XVIIe siècle, il commence à signifier le « bon goût et le savoir se conduire selon les bons usages du monde », pour finalement désigner, aux XVIIIe et XIXe siècle, l'« ensemble des usages, des règles qui régissent le comportement ». Le second, attesté

51 *Le Monde*, 27-28 mai 2018.
52 Voir, Natacha Henry, *Les Mecs lourds ou le paternalisme lubrique*, Robert Laffont, 2003.

dès le XIIe siècle, est issu de *curteisie* qui signifie : « art de vivre et élégance morale ». Mais à partir du XXe, il se spécialise pour indiquer une « disposition intérieure, une politesse raffinée », propre de la « civilité » de la personne qui en use[53]. On emploie aussi parfois le terme de *civilité* et également, mais cela dans une époque plus ancienne, d'*honnêteté*. Pour en savoir plus, sur cet historique, on pourra se reporter à l'ouvrage *La Politesse* de Jean Pruvost[54].

Le français, dans son lexique et dans son usage, opère donc une distinction importante. La politesse désignerait tout usage réglé conventionnellement, marqué par des formules codées (parfois par des comportements : ôter son chapeau pour saluer, tenir la porte pour laisser passer quelqu'un, etc.). La courtoisie, elle, fait plutôt allusion à une manière d'être, à un savoir se comporter vis-à-vis des autres avec délicatesse, élégance et esprit. Elle semble davantage liée aux choix de la personne qui parle. L'une relève de l'ordre de la convention sociale imposée, configurée, marquée, répétée à l'identique dans des rituels, l'autre de l'ordre de l'attitude individuelle. Mais il est vrai que, dans l'usage courant, ces mots sont parfois employés l'un pour l'autre, ce qui nous autorise à employer le mot *politesse* de façon générique.

LA POLITESSE À GÉOMÉTRIE VARIABLE

La politesse qui s'exerce dans le cadre de la vie quotidienne, lorsqu'il s'agit d'aborder des gens, de prendre congé, de remercier, de féliciter, est une politesse routinière qui s'exprime avec des formules convenues et codées (« bonjour », « salut », « merci »), ou à l'aide de formes phrastiques tout aussi convenues (« *Est-ce que vous pourriez* me dire l'heure ? »). On parlera dans ce cas de *politesse civile*. On peut y associer une autre forme de politesse, qu'on appellera *protocolaire*, qui, selon la culture dans laquelle on se trouve, concerne les façons de traiter les personnes en tenant compte de l'identité personnelle (l'âge, le sexe), ou du statut social (professionnel, institutionnel), et en indiquant les différences de rapport qu'on établit avec l'autre. Ainsi en est-il du vouvoiement par opposition au tutoiement ; des termes d'adresse (*monsieur, madame, mademoiselle, jeune homme*) ; des titres professionnels (*maître, docteur, professeur*)

---

53 On trouvera ces renseignements dans le *Dictionnaire historique de la langue française*, Le Robert, Paris, 1994.

54 Pruvost J. La Politesse. Au fil des mots et de l'histoire, Paris, Tallandier, 2022.

et institutionnels selon une échelle hiérarchique (*président, excellence, mon général*), certains s'entrecroisant (*monsieur le préfet*).

D'autres procédés sont à l'œuvre selon les diverses situations de communication. Par exemple, dans les situations d'abordage ou de clôture, pour ménager son interlocuteur ou tenter d'obtenir quelque chose de lui, on pourra employer certains modes et temps de verbes (*conditionnel, imparfait, interrogatif*), combinés avec certains verbes de modalité (*pouvoir, vouloir, devoir*) : « Pourrais-je vous faire remarquer… » ; « Pourriez-vous éteindre votre cigarette ? » ; « Je voudrais vous dire que vous exagérez. Vous devriez rectifier votre propos » ; « Est-ce que je pourrais vous demander de baisser le volume de la musique ? » On pourra également employer des tournures qui semblent relativiser la force d'une opinion : « Si ce n'est pas trop demander », « De mon point de vue », « À mon humble avis », « Si l'on peut dire », « Sans vouloir vous offenser », « Si je peux me permettre ». On pourra aussi avoir recours à des stratégies de détournement, par exemple en déplaçant sa réponse : un écrivain qui voit que son éditeur grimace à la lecture de son manuscrit lui demande – « C'est si mauvais que ça ? ». À quoi l'éditeur répond – « Disons qu'il y a du travail ». Ou bien en ayant l'air de critiquer un tiers, alors que l'on vise son interlocuteur : « Je n'aime pas les pédants » dit en parlant d'un tiers absent, alors que c'est l'interlocuteur qui est visé ; une façon de sous-entendre « à bon entendeur, salut ». Ou encore en ayant recours à une stratégie faussement sincère qui consiste, lorsqu'on cherche à désamorcer une critique, à faire amende honorable : « Oui, évidemment, je suis idiot », aveu de reconnaissance d'une faute, mais qui, en même temps, est une façon de faire preuve de lucidité, ou d'intelligence.

Il y a diverses façons de marquer une distance respectueuse vis-à-vis d'une personne que l'on admire. Par exemple, en adoptant une attitude qui évite toute familiarité. Françoise Héritier, une anthropologue qui travailla dans le laboratoire que dirigeait Claude Lévi-Strauss, explique dans un Tribune du journal *Le Monde*[55], à quoi tenait cette distance entre l'anthropologue et ses collaborateurs :

> Personne n'usait de familiarité avec lui. On ne lui touchait pas l'épaule, on ne le prenait pas par le bras (à l'exception d'Eva, sa secrétaire). On ne le tutoyait pas (…). Au laboratoire, nous l'appelions tous « monsieur ». Il appelait en

55 *Le Monde* du 10-11 octobre 2010.

> retour les hommes par leur nom de famille le plus souvent, et les femmes par leur prénom ou employait le générique « madame ». [Et lui] avait déjà cette simple politesse, qui est marque de grand respect, qui consiste à répondre à tous les envois de livres et à tous les courriers.

C'est là un témoignage de déférence et d'élégance qui correspond davantage à ce que nous avons défini comme étant de la courtoisie. Est-ce une forme de traitement d'un autre âge ?

LE CAS DE L'IMPOLITESSE

L'impolitesse n'est pas l'exact symétrique de la politesse. Il n'y a pas de situations qui appellent, par convention, une attitude d'impolitesse. L'impolitesse n'étant pas codée conventionnellement, elle ne peut être le contraire de la politesse, sauf quand elle résulte du non emploi de la politesse civile ou protocolaire attendue : ne pas répondre à un salut, aborder quelqu'un sans le saluer (« Bonjour »), ne pas s'excuser de le déranger (« Pardon, pouvez-vous me dire… », « Excusez-moi de vous interrompre »). Elle résulte toujours du choix individuel (calculé ou spontané) de celui ou celle qui parle, et de ce fait correspond plutôt au symétrique de la courtoisie. À moins de considérer que les mots et formules insultantes que nous avons décrites précédemment font partie de l'impolitesse, celle-ci pouvant se manifester de façon indirecte, comme on l'a vu pour l'insulte. Par exemple en touchant les caractéristiques psychologiques de la personne avec qui l'on converse (« S'énerver ne sert à rien »), ou son statut social (« Vous n'êtes pas à la hauteur de ce poste »), ou sa catégorie professionnelle (« Ah, ça, c'est bien les politiques ! »), ou encore son identité nationale (« Vous êtes bien Américain ! »). Elle peut être violente, en utilisant le sarcasme, la moquerie, l'ironie, ou plus douce en usant du reproche, de la désapprobation, ce qui pourra être jugé, selon les personnes, comme un *manque de tact.*

Pour ce qui est de son effet, l'impolitesse, comme la politesse, dépend du contexte culturel dans lequel elle est proférée. En France, par exemple, l'excessive courtoisie a quelque chose de suspect, d'hypocrite. Peut-être est-ce dû à une opposition inconsciente qui reste dans l'imaginaire français, entre la tradition de la politesse de Cour, du temps de la monarchie, politesse ambiguë, jugée arrogante, lorsqu'elle pratiquait *la pique* comme preuve d'intelligence et de savoir vivre, et l'authenticité de la franchise populaire du franc parler, direct, un peu rude, mais jugé sincère. Peut-être est-ce aussi la raison pour laquelle certains Français trouvent que la politesse anglaise a quelque chose d'hypocrite, alors que pour les Anglais, qui estiment qu'il faut toujours garder le contrôle de soi-même, il s'agit là d'une marque de civilité. À propos de l'insulte, on a cité le cas de cette Québécoise qui a trouvé la réflexion d'une policière impolie, voire insultante, la considérant comme caractéristique d'une certaine arrogance française. Elle n'est pas la seule, et bien des populations d'autres pays nous qualifient ainsi. Il s'agit des stéréotypes que les populations construisent sur l'autre, étranger. Mais comme tout stéréotype repose sur un fond de vérité, selon l'adage qui dit qu'il n'y a pas de fumée sans feu, celui-ci correspond au fait que, par exemple, demander à un commerçant « Est-ce que vous faites des oranges pressées », et s'entendre répondre « C'est écrit sur la carte », ou bien proposer à un serveur de café de payer la consommation par carte de crédit, et recevoir comme réponse « Mais vous ne voyez pas que c'est écrit, "pas moins de 10€" », est perçu comme impoli et signe d'un donneur de leçon. Il m'est arrivé d'aborder sur le quai d'une gare un agent de service qui était en conversation avec des collègues, d'une façon que je pensais être polie : « Excusez-moi, monsieur, pourriez-vous… », et être interrompu par un « Bonjour ! » impératif. Poursuivant ma demande « …où se trouve… », j'ai été de nouveau interrompu par un autre « Bonjour ! ». C'était là, manifestement, une façon de me donner une leçon de politesse. L'agent en question confondait le rituel de politesse codée, et la politesse courtoise : mon « excusez-moi » n'était pas pour lui la formule qui convenait.

En France, on a coutume de discuter de façon polémique à propos de sujets les plus anodins, comme s'il s'agissait là d'une façon naturelle de converser, et même d'en tirer un certain plaisir de joute oratoire. Cette façon de parler dans les relations sociales sera perçue, par des personnes d'une autre culture, comme une impolitesse, et, en tout cas, un manque de civilité. Les étrangers fascinés par Paris, vous diront qu'ils sont choqués par l'attitude des garçons de café parisiens qui, pratiquant une certaine gouaille populaire dans un esprit de connivence humoristique, bousculent leur idée de la politesse. Le fameux ouvrage, *Les carnets du major Thompson* de Pierre Daninos[56], témoigne, à plus de cinquante ans de distance, de ces différences de perception entre la politesse française et celle qui se pratique de l'autre côté du « Chanel ». Tout dépend, une

56 Daninos P. *Les carnets du major Thompson*, Le livre de Poche, 1967.

fois de plus, de la façon dont les membres d'une communauté conçoivent et valorisent ou dévalorisent les modes de relations sociales, comment ils ritualisent les manières de s'aborder, de se séparer, de s'excuser, de se remercier, de se féliciter, avec les mots qui les expriment. Comment ils conçoivent les manières de critiquer, de contredire, de s'opposer à l'autre, de façon directe ou indirecte, implicite ou explicite. Prétendre à l'universalité de la manière de formuler ces comportements, c'est faire fi des différences culturelles, et manifester une certaine arrogance.

Comment parler ? Le politiquement incorrect, l'insulte, l'impolitesse, sont-elles des manières de parler qu'il faudrait abolir parce qu'elles se caractériseraient par un mépris de l'autre, ou faut-il les défendre au nom de la liberté d'expression ? Devraient-elles être nécessairement remplacées par du politiquement correct, de la bienséance et de la politesse ? Ces dernières sont-elles une *condition de félicité* des rapports sociaux comme disent les pragmaticiens ? Les premières constituent-elles une censure, les secondes une liberté ?

Quand on aborde la question de la liberté d'expression, on se trouve toujours pris dans un dilemme : si tout est permis, que la liberté de s'exprimer est absolue, totale, alors elle s'exerce forcément au détriment des autres, puisque la liberté des uns n'est pas celle des autres ; si tout n'est pas permis, que la liberté a des restrictions, qu'elle n'est pas totale, alors il n'y a plus de liberté, parce que la liberté est indivisible et non négociable. Se posent donc deux questions : puis-je exercer ma liberté sans penser à la liberté de l'autre ? Si la liberté de l'autre s'oppose à la mienne, dois-je quand même imposer la mienne ? Le respect de l'autre est une des conditions premières des rapports humains. Mais en même temps, ceux-ci sont toujours marqués au coin des rapports de force du seul fait que l'un est différent de l'autre, que cette différence interroge sur l'identité de chacun, et qu'elle conduit chacun à tenter de se saisir de l'autre par persuasion ou par séduction. Le langage est donc bien au centre de ce jeu relationnel, et on ne peut déterminer par avance ce qui agressera l'autre ou ce qui le séduira.

Il y a bien sûr des conventions, des rituels, comme on l'a vu. Ils aident, dans un premier temps, à une apparence de bonne relation. Mais tout se joue ensuite dans la façon de choisir ses mots, en fonction de la situation de communication dans laquelle on se trouve et de l'image que l'on se fait de l'autre. Comment, alors décider par avance de ce qui va plaire ou déplaire à mon partenaire de langage ? Comment estimer par avance que tel mot, telle expression, telle tournure, telle façon de s'adresser à l'autre aura un effet positif ou négatif? Les imaginaires sociaux des populations et groupes d'individus apportent leur lot de tabous et de stéréotypes dénigrants. Mais les mots qui les expriment ont besoin de passer par l'épreuve de leur emploi en situation. Pourquoi décider par avance que demander à quelqu'un son origine africaine devrait être une atteinte à sa dignité comme le prétendent aux États-Unis les théoriciens de la micro-agression ? Ne pourrait-ce être une simple demande d'information pour mieux prendre en compte l'identité et la dignité de l'autre ?

La liberté d'expression ne peut être jugée sur la seule intention (supposée) de celui qui parle. Elle doit l'être en fonction de l'effet qu'elle est susceptible de produire sur celui à qui l'on s'adresse ou qui en est le témoin. Et dès lors, il faut inverser le rapport et se demander qui est celui qui juge. Est-ce celui ou celle qui se sent outragée, et à quel titre ? Est-ce un simple témoin, ou sont-ce les représentants de certaines catégories sociales qui s'érigent en défenseurs de leur dignité, et, à l'occasion, en censeurs engageant des procès ? Sont-ce les juges qui, lorsqu'ils sont saisis de ces plaintes, instruisent et sanctionnent au regard de ce que dit la loi ? En tout état de cause, dans tous ces cas, se pose la question : qu'est-ce qu'interpréter ? Or, on interprète toujours à partir de ce qui est dit, en y projetant ce que l'on est soi-même, avec nos propres références qui nous font attribuer des intentions à celui qui s'est exprimé à travers une certaine façon de parler. Dans tous ces cas, il en va d'une *éthique de responsabilité.*

Alors, doit-on poser des limites à la liberté d'expression ? Par la censure qu'impose une certaine bonne pensée sociale, à moins que ce soit par l'autocensure de peur d'être mal jugé ? Ou ne peut-on penser des limites, au coup par coup, au nom de l'intelligence, d'une intelligence qui sait distinguer les catégories d'appartenance des individus, qui sait distinguer l'irrévérence, qui n'est pas mépris, de l'indécence qui stigmatise. Et du côté de celui qui juge, peut-il faire l'effort d'interpréter en fonction de la situation singulière dans laquelle il interprète sans s'accrocher de façon aveugle aux dictats du politiquement correct ? Sans s'occuper de politesse ni de correction, c'est à savoir parler en tenant compte de qui est la personne ou le public auquel on s'adresse qui est en cause. Choisir ses mots, y compris dans la critique, le désaccord, l'opposition, en leur donnant le maximum de signification, tout en évitant mépris et insulte, sans s'interdire d'exprimer ses émotions. Ainsi pourrait-on faire montre de respect envers les femmes, les enfants, les collègues, les relations de tous ordres, sans avoir besoin de transformer la langue, d'exclure des mots jugés malséants, ni des expressions considérées racistes, car c'est de leur emploi que naît le sens. Que chacun soit le plus conscient possible de la valeur des mots sans tordre ceux des autres, c'est là une question pour tous et toutes d'éthique de responsabilité, car nous prévient Roland Barthes : « Voler son langage à un homme au nom même du langage, tous les crimes légaux commencent par là[57]. »

57 Roland Barthes, *Mythologies*, Paris, Seuil, 1957.

CONCLUSION

Le français existe dans tous ses états

> On peut, si on veut, ramener tout l'art de vivre à un bon usage du langage
> Simone WEIL

Le français existe. Divers, multiple, changeant, mais il existe. Comme tout autre langue, il fonde la relation entre les êtres dans une quête infinie d'intercompréhension, aussi fragile soit-elle. Comme tout autre langue, il permet aux individus de se reconnaître appartenant à une même communauté linguistique, et de « faire peuple ». Comme tout autre langue, le français change avec le temps, s'adapte aux époques, migre, se diversifie et revient enrichi d'autres cultures. Il prend des atours différents et endosse diverses parures plus ou moins chatoyantes. Mais il demeure *langue commune*. Alors, le français, une langue comme une autre ? Oui dans son fonctionnement, mais avec des spécificités qui, comme pour tout autre langue, en font une langue différente. Différente par son passé, différente par son présent, différente par sa diversité. Le français multicolore existe. Nous le rencontrons tous les jours.

En ces temps de désarroi face au savoir, certains voudraient polir la langue, voire la « policer », sous prétexte qu'elle crée des discriminations de tous ordres. Comme cette croisade contre les expressions contenant des noms d'animaux, parce qu'elles seraient dégradantes à l'endroit de la gent animale[1]. Il ne faudrait plus dire que, dans le métro, aux heures de pointe, on est « serrés comme des sardines » ; on ne pourrait plus se défouler en confiant à une collègue que le chef de service est « une peau de vache », et que, de toute façon, ce service est « un panier de crabes », qu'il faut se

---

1 Voir l'article du journal *Le Monde*, supplément « L'époque » du 3-4 décembre 2023, intitulé « La cause animale dans un panier de crabes ».

méfier de tel collaborateur parce qu'il est « rusé comme une renard », et que pour s'en sortir il faut être « malin comme un singe ». Tant pis pour La Fontaine. Pourtant, il n'y a pas de quoi « fouetter un chat », si on se réfère à la façon dont fonctionne le langage. Le propre d'une expression figée est que les mots qui la composent se « désémantisent » au point de ne plus évoquer dans l'esprit leur sens originel. Il en reste un sens métaphorique au service d'une qualification intensive, tantôt négative (« laid comme un pou »), tantôt positive (« doux comme un agneau »).

La langue ne discrimine pas. Ce sont les usagers qui, selon les situations d'emploi, peuvent exprimer du mépris ou de la compassion. Ils sont responsables de leurs paroles. En matière de langage, les individus – particulièrement ceux des classes populaires – sont diablement créatifs. Il suffit de prendre un café au comptoir d'un bistro et d'écouter les conversations pour s'en rendre compte. Des expressions qui fusent, il en est qui ne durent que l'instant de leur apparition, et d'autres qui, on ne sait trop comment, sont reprises par la collectivité, se répandent et finissent dans les dictionnaires. Le français est au cœur de l'activité de ses usagers : les romanciers qui peaufinent la langue dans leur « gueuloir » ; les poètes qui la triturent dans tous les sens ; les savants qui s'appuient sur le sens courant des mots pour en faire des concepts ; les humoristes qui en jouent jusqu'à la contradiction, la parodie et l'insolite. Et puis les sujets lambda que nous sommes, qui manions la langue, tantôt avec brutalité, tantôt avec subtilité.

Le français existe et n'appartient à aucun groupe en particulier. Le français existe, il est notre « bien commun » tout en étant porteur de multiples identités qui coexistent, s'influencent réciproquement, se mélangent, se sabirisent, se créolisent. Un français dont nous acceptons tous les mots, n'en excluons aucun, avec leur valeur, leur puissance de signification, parfois jusqu'à blesser, mais aussi conforter, aimer. Les mots sont comme des bulles qui flottent dans l'espace des relations entre les hommes et les femmes. Certains volent, éclatent et ne laissent aucune trace. D'autres, plus poisseux, vous collent à la peau, parfois à vie, sans qu'on puisse s'en débarrasser. D'autres encore pénètrent dans le corps et vous montent à la tête, provoquant tantôt une immense joie cathartique, tantôt une blessure indélébile.

Leur emploi dépend de notre responsabilité d'être humain qui savons que sans le langage nous ne serions rien, et qui devons nous battre avec le sens des mots contre les déviations, les amalgames. Ce devrait-être l'un des rôles de l'école : enseigner la valeur des mots selon les situations d'emploi en faisant prendre conscience de la responsabilité morale de ceux et celles qui les utilisent, mais aussi de leur liberté d'expression lorsqu'il s'agit de poser un regard critique sur le monde. Faire découvrir le plaisir des mots, la jouissance de la langue, son aspect ludique. Le plaisir de parler, de prononcer les mots, de les faire sonner, résonner dans le cœur des autres, de les faire s'entrechoquer en mots valises, se contredire en oxymore. Le plaisir d'écrire, de jouer avec les mots, de les interroger pour mieux les connaître et en sortir la substantifique moelle. Paul Valéry a raison : « L'infini est une affaire d'écriture. L'univers n'existe que sur le papier[2]. » Le plaisir de lire, de nous faire voyager à travers des océans de rêverie en nous laissant porter par des ribambelles de mots, comme en témoigne Marcel Proust : « la lecture magique comme un profond sommeil, avait donné le change à mes oreilles hallucinées et effacé la cloche d'or sur ma surface azurée du silence[3]. »

Le français donc, cette langue avec laquelle nous venons au monde, avec et contre laquelle nous nous battons pour faire valoir notre petite personne. La langue, cette chose étrange que nous pratiquons avec des vibrations phonatoires qui nous trahissent, des tremblements de la main qui nous font écrire et penser. La langue, grâce à laquelle nous découvrons cet autre moi-même, semblable et différent. Car « avec la langue qu'il parle, dit l'anthropologue Maurice Godelier, [le sujet] n'est plus seul en lui-même. Tous ceux qui la parlent sont déjà en lui. Et chacun sait que l'autre est déjà en moi avant que je ne parle puisqu'il me parle avant que je ne puisse commencer à lui parler[4] ». Mais en même temps, une langue est toujours particulière, à travers l'usage que nous en faisons, un usage dont nous sommes responsables, et qui marque notre destin et notre liberté. Le français, une langue vivante hétérogène et active qui témoigne de la diversité de ceux qui la parlent. Une langue vivante qui porte la trace des mots et modes de dire qui appartiennent, les uns à des époques passées, les autres à des présents

2 Paul Valéry, *Monsieur Teste*, L'Imaginaire/Gallimard n° 29, p. 107.

3 Marcel Proust, *À la recherche du temps perdu. Du côté de chez Swann*, Paris, Gallimard, La Plêiade, 1954, p. 88.

4 Maurice Godelier « La constitution du sujet social », in *Freud, le sujet social*, 2002, Cairn, pages 141 à 150.

avant-gardistes. Une langue vivante qui fait résonner les accents et les mots de diverses contrées du monde. Une langue vivante, foisonnante d'expressions de tous les milieux sociaux, des plus académiques aux plus populaires, qui s'entremêlent dans un joyeux tintamarre. Mais aussi une langue commune du partage et de la fraternité. Le français, une langue vivante qui nous soumet, mais qui aussi nous émancipe en nous faisant connaître le monde. Le français, une langue comme une autre, mais une langue « telle qu'en elle-même l'éternité la change », égale et différente.

BIBLIOGRAPHIE

ADER, Basile, « Les “lois du genre” du discours humoristique », in Charaudeau P. (dir.) *Humour et engagement politique*, Limoges Lambert-Lucas, 2015.

ALPHERATZ, « Français inclusif : du discours à la langue ? », revue *Le discours et la langue*, eme-édition.be, n° 11, 2019.

ALPHERATZ, *Grammaire du français inclusif*, éditions Vent Solars, 2018.

AVANZI, Mathieu et VINCENTI, Aaurore, *Comme on dit chez nous. Le grand livre du français de nos régions*, Le Robert, 2023.

BALLY, Charles., *Traité de stylistique française*. T. 1, « La langue parlée et l'expression familière », Paris, Klincksieck, 1905.

BARBÉRIS, Isabelle, in *La Pause Philo*, 7 octobre 2021.

BARTHES, Roland, *Roland Barthes par roland barthes*, Paris, Seuil, Écrivains de toujours, 1975.

BARTHES, Roland, *Mythologies*, Paris, Seuil, 1957.

BARTHES, Roland, *Leçon*, 1978, Paris, Le Seuil-Points.

BARTHES, Roland, *Incidents*, Paris, Seuil, 1987.

BEAUMATIN, Éric, « Le trait “privé”/“public” en matière d'injure et de délits connexes : Remarques linguistiques sur une distinction du droit français », in Desmons Eric, Paveau Marie-Anne, *Outrages, insultes, blasphèmes et injures : violences du langage et polices du discours*, Paris, L'Harmattan, 2008.

BELLON, André, « La langue de la République est le français », in *Les langues sous contrôle ?*, revue *Cités* n° 86, 2021.

BLANCHE BENVENISTE, Claire, *Le français parlé*, Paris, CNRS, 1997.

BONHOMME, Marc, « Législation et pratiques discursives du français dans les villes bilingues (Bienne et Fribourg) de Suisse », in Actes du colloque *Plurilinguisme, pratiques langagières urbaines*, université de Bordeaux Montaigne, à paraître.

BONNAFOUS, Simone, HERZBERG, B., ISRAEL, J.-J., *Sans distinction de … race*, revue Mots n° 33, décembre 1992.

BORER, Alain, « Speak white ! » Pourquoi renoncer au bonheur de parler français ?, Gallimard, Tracts, 2021.

BOUDON, Raymond, conférence du 29 septembre 2010. (http://www.asmp.fr/travaux/communications/2010-09-27).

BOURGUINAT, Elisabeth, *Le Siècle du persiflage*, Paris, PUF, 1998.

BOYER, Henri, *Introduction à la sociolinguistique*, Paris, Dunod, 2001.

BOYER, Henri, *Pour un traitement interdisciplinaire des représentations et idéologies sociolinguistiques*. L'Harmattan, 2024.

BRUNOT, F., *La pensée et la langue. Méthode, Principes et plan d'une théorie nouvelle du langage appliquée au français*, Paris, Masson, 1936, site Gallica de la Bnf.

CALVET, Louis-Jean, « Géopolitique de la traduction en méditerranées », article AB du 11-04-16.

CANDEA, Maria, VÉRON, Laélia, *Le français est à nous ! Petit manuel d'émancipation linguistique*, Paris, La Découverte, 2019.

CAPPEAU, P. (dir.), *Une grammaire à l'aune de l'oral*, Presses universitaires de Rennes, 2021.

CATACH, Nina, *Les délires de l'orthographe, en forme de dictionnaire*, Paris, Plon, 1989.

CHARAUDEAU, Patrick, *Grammaire du sens et de l'expression*, (réédition), Lambert-Lucas, 2019.

CHARAUDEAU, Patrick, *La langue n'est pas sexiste*, Paris, Le Bord de l'eau, 2021.

CHAUDENSON, Robert, *Les créoles*, Paris, PUF, « Que sais-je ? », 1995.

CHEVALIER, Jean-Claude, *Histoire de la grammaire*, Paris, PUF, *Que sais-je ?*, 1994.

COMPAGNON, Antoine, *Aimer l'amour, l'écrire*, Paris, BNF Éditions, 2016.

DAMOURETTE, Jacques et PICHON, Édouard, *Des mots à la pensée. Essai de grammaire de la langue française*, Paris, d'Artrey, 1911-1940, Gallica-Bnf.

DANINOS, Pierre, *Les carnets du major Thompson*, Le livre de Poche, 1967.

DE BEAUVOIR, S., *Deuxième sexe*, Tome 1, paris, Gallimard, 2014.

DEPECKER, Loïc, *Les mots des régions de France*, Paris, Belin, 1993.

DERRIDA, Jacques, ROUDINESCO, Élisabeth, *De quoi demain… : dialogue*, Paris, Fayard-Galilée, 2001.

DESMONS, Éric, PAVEAU, Marie-Anne (dir.), *Outrages, insultes, blasphèmes et injures : violences du langage et police du discours ?,* Paris, L'Harmattan, 2008.

DEVRIENDT, Emilie, MONTE, Michel et SANDRÉ, Marion, « Analyse du discours et catégories "raciales" : problèmes, enjeux, perspectives », revue Mots n° 116, 2018.

DORNEL, Laurent, « L'insulte xénophobe en France au XIXe siècle »,

ÉDOUARD, Robert, *Dictionnaire des injures*, Paris, Tchou, 1973

ÉTIEMBLE, René, *Parlez-vous franglais ?*, Paris, Gallimard, 1964.

FASSIN, Éric, « La chaire et le canon. Les intellectuels, la politique et l'Université aux États-Unis », Persée.

FOUCAULT, Michel, *Les mots et les choses*, Paris, Gallimard, *Tel*, 1966.

FOUCAULT, Michel, *L'ordre du discours*, Paris, Gallimard, 1971.

FRADETTE, Suzanne, *La grammaire de l'oral : une grammaire pas comme les autres*, Cégep de Jonquière, Québec.

FRATH, Pierre, « De l'uniformité et du conformisme dans les sciences humaines », revue *Mélanges*, CRAPEL n° 37.

GARABATO, Carmen et BOYER, Henri, *Le marché et la langue occitane au vingt-et-unième siècle. Microactes glottopolitiques contre substitution*, Lambert-Lucas, 2020.

GASQUET-CYRUS, Médéric, *En finir avec les idées fausses sur la langue française*, Éditions de l'Atelier, 2023.

GLISSANT, Édouard, *Le discours antillais*, Paris, Seuil, 1981.

GLISSANT, Édouard, *Philosophie de la relation*, Gallimard, Paris, 2009.

GODELIER, Maurice, « La constitution du sujet social », in *Freud, le sujet social*, 2002, Cairn, pages 141 à 150.

GOUDAILLER, Jean-Pierre, *Comment tu Tchatches*, Amyris, 1998.

GRUZINSKI, Serge, *La pensée métisse*, Paris, Fayard, 2001.

GUIRAUD, Pierre, *Les gros mots*, Paris, PUF, coll. « Que sais-je ? », 1975.

HADDAD, Raphaël, Manuel d'écriture inclusive. Faites progresser l'égalité femmes-hommes par votre manière d'écrire, in Mots-Clés, 2019.

HAGÈGE, Claude, *Le Français histoire d'un combat*, Livre de Poche, 1998.

HAGÈGE, Claude, *Contre la pensée* unique, Paris, Odile Jacob, 2012.

HAGÈGE, Claude, « L'anglais est une langue dont les ambiguïtés sont parfois dangereuses », revue *Campus*, n° 115, 2013-2014, Université de Genève.

HEINICH, Nathalie, « Le repos du neutre. Pourquoi je résiste à la féminisation des noms de métier », in *Travail, genre et sociétés*, n° 3, 2000.

HEINICH, Nathalie, « Pourquoi publier en langue française quand on est sociologue ? », revue SociologieS Débats, *Français/anglais : que faire ?*, le 17-01-2019.

HENRY, Natacha, *Les Mecs lourds ou le paternalisme lubrique*, Robert Laffont, 2003.

HOEDT, Arnaud et PIRON, Jérôme, *Le français n'existe pas*, Le Robert, 2020.

HOUDEBINE, Anne-Marie, « L'imaginaire linguistique : un niveau d'analyse et un point de vue théorique », in Houdebine A.-M. (dir.), *L'imaginaire linguistique*, Paris, L'Harmattan, 2002.

HOUELLEBECQ, Michel, *Extension du domaine de la lutte*, Éditions Maurice Nadeau, 1994.

HUSTON, Nancy, *Dire et interdire*, Paris, Payot, 1980, p. 94.

IVEKOVIC, Rada, « Langue coloniale, langue globale, langue locale », *Rue Descartes* n° 58, 2007.

LABROSSE, Céline, *Pour une grammaire non sexiste*, Montréal, Les éditions du Remue-ménage, 1996.

LACROIX, Florence, LAINÉ, Aaurélie et WEIL-BARAIS, Annick, « Psychologie cognitive et activité de lecture », *Ressources* n° 21, mai 2019.

LANCELOT, Claude et ARNAULD, Antoine, *Grammaire générale et raisonnée*, publiée en 1660.

LARGUECHE, Évelyne, *L'effet injure. De la pragmatique à la psychanalyse*, Paris PUF, 1983.

LARGUECHE, Évelyne, *L'injure à fleur de peau*, Paris, L'Harmattan, 1993.

LEBOUC, Georges, *Parlez-vous le politiquement correct ?*, Bruxelles, Éditions Racine Lannoo, 2007.

MANESSE, Danièle, « Les grands écarts de l'écriture inclusive. Entre l'amour de la langue et l'amour de moi, moi, moi », in *La langue sous contrôle ?, revue Cités* n° 86, 2021.

MARTIN, Robert, « Quelques faits de syntaxe d'après la littérature à grande diffusion », in Antoine Gérard. et Martin Robert, *Histoire de la langue française 1880-1914*, CNRS éditions, 1999.

MARZANO, Michela et HUET, Sylvie, *Nains et alors ?*, Buchet-Chastel, 2007.

MÉNAGE, Gilles, *Observations sur la langue française*, Paris, Classique Garnier, 2022.

MERLE, Pierre, *Politiquement correct. Dico du parler pour ne rien dire*, Éditions de Paris, 2011.

MEYER-LUBKE, Wilhem, *Grammaire des langues romanes*, traduction française, https://gallica.bnf.fr/ark:/12148/bpt6k54262944.texteImage.

MILLER, Jacques-Alain, *Le Banquet des Analystes, L'Orientation lacanienne*, cours de 1989-1990.

MILNER, Jean-Claude, *Introduction à une science du langage*, Paris, Seuil, Essais, 1995.

NEVEU, Franck, *Dictionnaire des sciences du langage*, Paris A. Colin, 2004.

ORWELL, Georges, *1984*, Paris, Gallimard-Folio, 2018.

PHILLIPSON, Robert, *La Domination de l'anglais : un défi pour l'Europe*, éditions Libre et Solidaire, 2019.

POLICAR, Alain, MAYER, Nonna et CORCUFF, Philippe, *Les mots qui fâchent. Contre la maccarthysme intellectuel*, Éditions de l'Aube, 2022.

PROUST, Marcel, *À la recherche du temps perdu. Du côté de chez Swann*, Paris, Gallimard, La Plêiade, 1954.

PRUVOST, Jean, *La politesse. Au fil des mots et de l'histoire*, Paris, Tallandier, 2022.

RADA, Ivekovic, « Langue coloniale, langue globale, langue locale », *Rue Descartes* n° 58, 2007.

REUTNER, Ursula, « Du latin aux langues romanes », https:/www.researchgate.net/publication/34131311.

REY, Alain, DUVAL, Frédéric, SIOUFFI, Gilles, *Mille ans de langue française, histoire d'une passion*, Perrin, 2007.

REYNAERT, François, « Parlez-vous Sabir ? », Tracts, Gallimard.

RICŒUR, Paul, « Préface », in Decrosse Anne (dir.), *L'esprit de société*, Bruxelles, Mardaga, 1993.

ROBILLARD, Didier, « Français, variation, représentations : quelques éléments de réflexion », in Billiez Jacqueline et Robillard Didier, (dir.), *Français : variations, représentations, pratiques*, Lyon, ENS éditions, 2003.

ROSIER, Laurence, *Petit traité de l'insulte*, Loverval, Ed. Labor, 2006.

SCHNEIDER, Alain, « La question de la syntaxe dans les *Observations sur la langue françoise* (1672) de Gilles Ménage », in *Littératures classiques*, 2015/3, n° 88.

SHUMONA, Sinha, *L'autre nom du bonheur était français*, Paris, Gallimard, 2022.

SIOUFFI, Gilles, « Les tragédies comme représentation de la langue française », in Declercq Gilles et Rosellini Michèle, *Jean Racine, 1699-1999*, Paris, Puf, 2004.

SIOUFFI, Gilles, « Le langage de la grammaire », in Rey Alain, Duval Frédéric et Siouffi Gilles, *Mille ans de la langue française, histoire d'une passion*, Perrin, 2007.

VALÉRY, Paul, *Monsieur Teste*, L'Imaginaire/Gallimard n° 29.

VAUGELAS, Claude Favre de, *Remarques sur la langue françoise, utiles à ceux qui veulent bien parler et bien écrire*, Paris, Courbé. t. I, Nouvelle édition, Paris, Classiques Garnier, 2018.

VIENNOT, Éliane, *Non, le masculin ne l'emporte pas sur le féminin ! Petite histoire des résistances de la langue française*, Donnemarie-Dontilly, éd. iXe, 2017.

WALTER, Henriette, *Le français dans tous les sens. Grandes et petites histoires de notre langue*, Paris, Laffont, 1988.

WEBER, Corinne, « Grammaire de l'écrit grammaire de l'oral, quelles contextualisations ? », in Santos Anna Clara &. Weber Corinne (dir.), *Enseigner la grammaire : description, discours et pratiques*, Ed. Le manuscrit, 2018.

YAGUELLO, Marina, « Comme XXL la place des anglicismes dans la langue », in Cerquiglini Bernard. et alii, *Le français dans tous ses états*, Flammarion, 2000.

INDEX NOMINUM

TABLE DES MATIÈRES

COLLECTION
« DOMAINES LINGUISTIQUES »

La collection « Domaines linguistiques » accueille des travaux portant sur les grammaires et les représentations de la langue, sur les corpus et la science des textes, sur les formes discursives, sur le lexique et sur le changement linguistique.

Retrouvez tous les titres de la collection en scannant ce code QR :

Et pour recevoir nos dernières actualités, abonnez-vous ici :

IMPRIM'VERT®

Achevé d'imprimer par Corlet,
Condé-en-Normandie (Calvados),
en Février 2026
N° d'impression : 190400 - dépôt légal : Février 2026
Imprimé en France